跟随儿童,随道而行

周隽 著

延吉·延边大学出版社

图书在版编目（CIP）数据

跟随儿童，随道而行 / 周隽著. -- 延吉：延边大学出版社，2024.1
ISBN 978-7-230-06209-1

Ⅰ.①跟… Ⅱ.①周… Ⅲ.①儿童教育－文集 Ⅳ.①G61-53

中国国家版本馆CIP数据核字(2024)第045341号

跟随儿童，随道而行

著　　者：周　隽
责任编辑：韩亚婷
封面设计：文合文化
出版发行：延边大学出版社
社　　址：吉林省延吉市公园路977号　　邮　　编：133002
网　　址：http://www.ydcbs.com　　E-mail：ydcbs@ydcbs.com
电　　话：0433-2732435　　　　　传　　真：0433-2732434
印　　刷：廊坊市海涛印刷有限公司
开　　本：787×1092　1/32
印　　张：7.5
字　　数：120 千字
版　　次：2024 年 1 月 第 1 版
印　　次：2024 年 1 月 第 1 次印刷
书　　号：ISBN 978-7-230-06209-1

定价：48.00 元

自　　序

这是我出的有关教育方面的第二本书，书中更多地涉及学前教育。前一本书是 2022 年 3 月由延边大学出版社出版的，书名是《见证与引领孩子的成长》。如今，我打算把从 2022 年至今书写的有关教育方面的文章以随笔的形式出版，名字就叫《跟随儿童，随道而行》。在和孩子相处、陪伴孩子成长的过程中，我们除了要有一双善于发现的眼睛，遵循孩子的自然成长规律，剩下的不过就是默默观察、静心等待。

我从十五岁开始接触学前教育，一直在这条道路上行走，心无旁骛、默默欢喜。每天，我都会走进幼儿园，走到孩子身边，听他们说什么，看他们做什么，猜他们想什么，我愿意与他们成为朋友，和他们一同游戏，我愿意用笨拙的文笔真实地记录他们在幼儿园里的点点滴滴。同时，我也不断思考如何科学、适宜地促进他们全面发展。我深知我的文笔并不出色、我的表述并不完美，但我始终用一颗火热的心尽全力表达一个基层教育工作者对教育孩子的看法。

当然，我的观点不一定正确。或许，当下我认为正确的观点若干年后还会被自己推翻。但我想，教育的事，尤其是 0~6 岁孩子的教育问题，不一定非黑即白、非正即反。最为关键的是，我们是否愿意就这些问题进行深入思考。

《跟随儿童，随道而行》这本书体现的就是一个"随"字。"随"，可以理解为跟随孩子成长的足迹，也可以理解为随意、随和、随心、随感。总归，没有高深莫测的教育理论，没有一成不变的教育模式，没有精推细敲的教育格言。书中的文章自然朴实、短小精炼，虽比不上浩瀚大海中掀起的惊涛骇浪，却可听闻山野小溪间响起的潺潺之音。如此，也不算辜负读者对美好教育的小小期待吧。

我们一起祝福孩子们有一个幸福快乐的童年！

目　录

第一章　生活处处是教育

一位优秀的母亲就是这个样子的，不急不躁，安安静静地陪伴在孩子身边，在需要给予正确引导的时候做孩子的表率，在需要鼓励的时候不吝啬对孩子的赞美，能让孩子自己做的事情绝不轻易帮忙。

生活处处是教育/2
如何给孩子找保姆/4
看清孩子行为背后的动机/6
用理智的方式化解怒气/8
如何面对爱哭的孩子/11
学会积极地应对失败/13
不要小看一句含有爱意的话语/15
警惕"愧疚之心"/17
如何保持并发展孩子的好奇心/20
保护好孩子的学习兴趣/23
两块榴梿引发的思考/26
不要立马给孩子答案/28
培养孩子良好的社会适应能力/31
同情心是孩子不可或缺的一项重要品质/33
警惕粗心这样的毛病/36
最重要的习惯/38

第二章 假爱了孩子，可怜了自己

这样的妈妈一般会说自己多么爱孩子，为了孩子做了多大的牺牲。其实，她不过是假爱了孩子，可怜了自己。

假爱了孩子，可怜了自己/42
这不一定就是挫折/44
关注那些内向、自卑的孩子/47
接受孩子未来是个普通人/49
避免武断/52
理解孩子/55
关于惩罚这件事/58
慎用赞美/60
让孩子学会管理时间/63
你可以先把风筝放好/65
请先从自己做起/67
是注满一桶水还是点燃一把火/69
到底谁对孩子的伤害更大/71

第三章　不随便和孩子开玩笑

大人一句不经意的玩笑话，很可能会让孩子失去自信，一辈子无法对自己周围的世界产生信任感。所以，任何大人，请立即停止和孩子开玩笑！

不随便和孩子开玩笑/74
允许孩子说"不"/76
如果错了，就大胆地说出来/78
孩子的性教育问题/80
批评不是目的/82
为什么孩子屡教不改？/84
如何定义成功与幸福的一生/87
相信孩子有能力处理好冲突/89
欲速则不达/91
不要给孩子买太多玩具/93
遭遇校园霸凌怎么办？/95
培养孩子的规则意识/98
孩子爱攀比怎么办？/100
学会给孩子留面子/103

第四章 让我成为我可以成为的人

请不要把我当成你的期望/我做不到你期望的那样好/请不要为了我放弃所有/我承担不起你那无私的爱/就让我做一个普普通通的人/让我做我可以做的事/让我成为我可以成为的人。

让我成为我可以成为的人/106

没关系，你可以慢慢来/108

只要孩子们愿意/110

每一个孩子都是一粒饱满的种子/112

请允许你的孩子不出类拔萃/114

回到童年/117

接受孩子本来的样子/119

来这里吧/121

让我虚度一会儿时光/124

微笑/126

生命/129

把每个孩子都放在心上/131

目 录

第五章 绘本推荐

好的绘本，不仅画面精美、构图别致，能吸引孩子的注意力，而且每张图都有丰富的内涵，图与图之间呈现出独特的叙事关系，将其中的思想情感毫无保留地传达给孩子，能在无形中激起孩子的阅读兴趣。

如何带着孩子一起阅读/135
小房子/137
一片叶子落下来/140
值得了解的中国瓷器/142
做回自己原来的样子/144
每一次赠予都是一次自然流露的美好/146
世界再大，也有属于每个人的温暖/148
体会亲手种菜的美好/150
母牛玛塔的故事/152
这并不是一本不吉利的书/155
学会辨别和了解自己的感觉/157
在阅读中感知生命的意义/161
走在星空下/163
从绘本中读出这个世界的美好与期待/165
人生就是一趟只能前行的旅途/167
处理坏情绪的有效方法/169
精彩过一生/171
这个故事美好且温暖/173
讲错了的童话/175
只要有童心/177

第六章　走在孩子身后

　　所以，我们更应该走在孩子身后，看他们朝哪个方向走，即使我们无法判断他们选择走的那条路到底是一片光明还是荆棘满地，也可以让他们试试。只是，我们要坚定地走在他们身后，看他们如何在一片光明中开心快乐地唱歌、跳舞，又如何在荆棘满地里拼尽全力寻找生的希望。

走在孩子身后/180

幼儿园里的《孤勇者》/182

孔融为什么让梨？/185

让我来试试看/187

幼儿园里的教研活动/189

别让孩子活得太拘谨/193

让幼儿园里多一些笑声/196

无所作为的教育/199

所谓"自控力培养"/201

不要抹杀孩子爱玩游戏的天性/203

把儿童节还给儿童/207

幼儿园为什么要开展户外活动？/209

看见儿童/212

为幼儿创设适宜的游戏环境/214

随口说说也不行/217

自主思考，多维思辨/220

孩子爱打小报告怎么办？/222

面对穿睡衣的家长/224

幼儿园的金钱教育/226

第一章
生活处处是教育

　　一位优秀的母亲就是这个样子的，不急不躁，安安静静地陪伴在孩子身边，在需要给予正确引导的时候做孩子的表率，在需要鼓励的时候不吝啬对孩子的赞美，能让孩子自己做的事情绝不轻易帮忙。

生活处处是教育

前期描述：

一位年轻的妈妈找到我，问我："你总是说生活处处是教育，可我怎么没有发现教育在哪里呢？"我被这位妈妈的问题逗笑了，想了想，跟她说了这么一个故事：

一次，在高铁上，一位年轻的妈妈带着两个孩子上来了，就坐在我的前排。刚坐下，小儿子就将座位使劲往后靠，他妈妈看见后，一边制止一边说："后面还坐着人，你不能只考虑自己。"然后，她满含歉意地对我笑笑。见到这一幕，我顿感温暖，心想：真是一个有素养的母亲。

临到中午，要吃饭了。哥哥和弟弟各自带了一盒方便面，弟弟打不开盖子，急得直嚷嚷，然后生气地将方便面丢到哥哥面前，说："你帮我打开。"妈妈见状，首先对哥哥说："让弟弟自己试一试。"然后，对着弟弟说："无论遇到什么事情都不要着急，越着急越解决不了问题。"短短几句话又把我征服了，我真是越来越佩服这位妈妈了。没过多久,弟弟把方便面的盖子打开了,开心地向妈妈和哥哥展示,哥哥为弟弟鼓掌,妈妈说:"所以,只要耐心、专注地去做一件事情,就没有什么难的,我相信你可以做得更好哦!"仅这一句话,两个孩子主动去车厢热水处泡方便面,然后回到座位上安静地吃着,并时不时喂给妈妈一些。

可见,生活处处是教育呀!一位优秀的母亲就是这个样子的,不急不躁,安安静静地陪伴在孩子身边,在需要给予正确引导的时候做孩子的表率,在需要鼓励的时候不吝啬对孩子的赞美,能让孩子自己做的事情绝不轻易帮忙。我欣赏这位母亲,于是将这个故事记录下来,期待更多妈妈成为孩子成长道路上的导师。

如何给孩子找保姆

前期描述：

朋友的儿子一岁半，之前一直由奶奶带，现在奶奶要回老家照顾自己的老母亲，朋友便开始操心找保姆的事情。要选择怎样的保姆呢？朋友见我在幼儿园工作了多年，便跑过来问我，请我给她支招。对于这个问题，我之前没有思考过，但朋友如此信任我，我需要认真地想一想。

思考这个问题的时候，我首先想到的是一些不称职的保姆。她们趁孩子的父母上班去了，就自己在家随意地带孩子，孩子在地上哭得打滚，她们也懒得理，有的甚至偷偷给孩子喂安眠药，让孩子睡上大半天。所以，找保姆时应该擦亮眼睛，不让不称职的保姆进家门。那么，如何识别呢？

第一，深入了解保姆的家庭背景、成长历程。没有结婚的保姆看其父母是怎样的人，对女儿出门打工有哪些要求和期待。如果仅是将重点放在多赚钱、少做事上，那么这样的保姆是不能找的。结过婚的保姆就看夫妻关系如何，如何对待子女。若是夫妻关系不好，经常吵架，对子女非打即骂，那么这样的保姆是不能找的。此外，还要看保姆个人的成长经历，看她经历过哪些大事，是如何处理的，遇到过哪些困难，最终是如何化解的。

第二，保姆有没有文化不是关键的，关键看她是否懂礼貌，是否在一些小事上斤斤计较。一个不懂礼貌，见人不会说"您好"，得到别人的帮助不会说"谢谢"，不小心做错了事不会说"不好意思"或"对不起"，提前吃完饭不会说"我吃完了，你们慢慢吃"的保姆，无法在孩子面前起到榜样示范作用，尤其是教过很多次也无法形成习惯的，就不要用。

讲完这两点，朋友急忙问我，那是不是保姆一来，就应该在家里安装监控。我不赞成这么做，这样会让保姆觉得时刻被人监视。一个感受不到自由、不快乐的保姆带不出健康的孩子。所以，选择保姆前要多了解，一旦作决定，就应该信任她，并鼓励她多学习，给她创造一个好的学习环境，让她和孩子一同成长。

看清孩子行为背后的动机

前期描述：

在一次家长沙龙上，我和家长一同讨论如何培养善解人意的孩子。一位妈妈说："我发现我家孩子十分不善解人意。"有家长问："你为什么这么认为呢？"这位妈妈便开始数落起她的孩子来。我是最后一个发言的，我在这次家长沙龙上这样说：

有的父母总是沉浸在自己认为正确的一套理论中，譬如，孩子早上起床后不肯刷牙，他们会对孩子的言行做出负面解读："他为什么不刷牙？一定是跟隔壁小毛学的坏习惯，要不就是故意气我。"之后，家长会以回应负面行为的方式处理，不是对孩子大吼大叫，就是故意耻笑孩子，或者干脆采取罚站甚至罚跪的方式来惩罚孩子。

这样急躁固执的父母怎么可能培养出善解人意的孩子呢？为什么不换个角度想一想："孩子今天怎么了，他这样做的理由是什么？"我们希望父母能从孩子看似糟糕的行为中看到善意的、正向的动机。（当然，也包括幼儿园老师。在某个孩子做出不太好的事情时，例如，把杯子摔破了，把某个小伙伴打哭了，把墙上的画撕毁了等，幼儿园老师更应该透过这些行为看清孩子的动机，很多时候这些行为背后确实隐藏着积极、正向的动机）。即使孩子真的做了糟糕的事情，如果父母或者老师在教育他的同时用欣赏的眼光看待孩子的诉求，那么孩子是不会有抵触情绪的。

成人在与孩子相处时，务必少一些指责，多一些理解，理解他们以符合自身心智水平的方式解决自己的问题。且要相信一点：你被激发出什么样的情绪，最终这些情绪会以某种方式映射到孩子身上。若把孩子比喻成一朵花，就如心理学博士李松蔚所说："你无法控制一朵花怎样长大，到什么时间开花。它有自己的节奏。我们能做的就是给它适宜的环境、光照和水分，然后就是等待。"所以，在培养孩子的过程中，任何一个培养者都需要趁早赶走坏情绪，带着正向、积极、善意的心态去思考并行动。

用理智的方式化解怒气

前期描述：

一次，在商场闲逛时，突然听到一个孩子在大声尖叫。我循声望去，一个涨红了脸的小男孩正对他妈妈拳打脚踢。他妈妈站在旁边又窘又气，不知道如何化解当下的尴尬局面。我跑过去劝孩子不能这样无理，这个小男孩根本就不听我的，最后还是他爸爸过来将他一把扛走了，一路上还可以听到孩子歇斯底里的尖叫声。回到家，我的脑海里又出现了商场里的那一幕，我想不通一个孩子为什么那么生气，而我们做大人的又该如何应对呢？

每个人都会生气，孩子也不例外。有的孩子只要生气就会尖叫、大声哭闹、用力踢打。大人应理解，孩子也有生气的时候，孩子生气之后会有一些控制不住的举动。同时，我们也应该明白，孩子采用尖叫、大声哭闹和用力踢打的方式表达自己的情绪实在不妥。那么，如何引导孩子用理智的方式发泄怒气呢？

首先，让孩子自己意识到"我生气了"，比如当孩子情绪不佳时，我们可以问："你是生气了吗？"或是直接对孩子说："我看到你确实是生气的样子。"

其次，可以转移孩子的注意力。比如，带孩子散步，做一些体能训练，或是看一场有趣的电影。总之，让孩子知道没有必要在生气的事情上纠结，应转移注意力，等情绪缓和之后再说。

或是鼓励孩子用画画的形式将糟糕的情绪表达出来。不要在孩子正生气、哭闹的时候使用这种方式。若是这时候直接对孩子说："不要生气了，我们来画画好不好？"孩子可能不会接受。只有等孩子气消后，再与孩子商量生气的时候可不可以用画画转移注意力，最好父母带着孩子一起练习。

一些父母会在家里设置一个发泄区，里面摆放着发泄球、发泄包、发泄玩偶之类的东西。如果孩子生气了，他们就引导孩子去发泄区里自由发泄，直到筋疲力尽、情绪缓和为止。在某些幼儿园的班级里，我也看到有一个小角落，那里有一些发泄玩偶，若是班上有哪个孩子情绪不好，幼儿园老师会引导这个孩子到这个区域发泄。

此外，阅读绘本也可以帮助孩子学习控制情绪的方法。比如，《当我生气的时候》《不生气，好好地说》《生气汤》等都是十分优秀的绘本，适合亲子共同阅读，孩子也能在阅读中知道生气的坏处，学习缓解糟糕情绪的方法。总之，让孩子学习用理智的方式化解怒气是很有必要的。

如何面对爱哭的孩子

前期描述：

有个妈妈问我："我家孩子特别爱哭，这可怎么办？如此下去不就成林黛玉了！"她一脸焦急，我知道她一定想过很多办法，但依然没有效果。我先简单地了解了一下情况，因为还有其他事情要做，就没有和她深入沟通下去。回到家里，我又想起这个妈妈的困扰，想了想，决定明天再去找她，跟她这样沟通：

小时候，我也是个十分爱哭鼻子的小姑娘。现在想一想，当时为什么爱哭呢？一是因为我是独生女，养尊处优惯了，遇到一点困难就害怕。二是因为我发现哭能解决很多问题。比如，当小伙伴把我的玩具抢走了时，我一哭，人家就把玩具还回来了；当父母逼着我吃不喜欢的食物时，我一哭，他们就不再逼我了。三是因为哭能逃避责罚。比如，我不小心把花瓶打碎了，还没等妈妈骂我，我自己先哭了，妈妈就不惩罚我了。四是因为哭能引起大人的注意。比如，大人在愉快地聊天时可能会忘了身边还有一个小孩子，此时我就选择哭，声音越大越能引起大人的注意，他们最终会自然地把话题转移到我这个小孩子身上。五是因为大部分熟悉我的长辈评价我是个爱哭的孩子，于是，我便按照长辈的评价表现自己，似乎若不爱哭就不是我了。

如今，我很少哭了。其一，随着年龄的增长，我若是还动不动就哭，似乎不太正常。其二，也是最重要的，经过生活的各种磨砺，我渐渐明白哭是解决不了任何问题的，反而会越哭越没有主意。哭只能将当下的问题暂停一会儿，但问题还在那里。其三，我发现爱哭的人容易被人欺负。在困难面前，你表现得越坚强，别人就越高看你，越不敢欺负你。其四，哭真的伤身。你看那个爱哭的林黛玉，若她少哭一点，估计病也会轻一些。其五，随着阅历的增加，我发现若想活得洒脱，就不能太在意别人的看法。每个人都有自己的想法，都有适合自己的活法，哭也好，笑也好，都是自己的事。想清楚了这些，也就不会哭了。

回到您昨天提到的孩子爱哭这个问题上，我想，其实不用长篇大论了，答案就在上面，若是找到原因，对症下药就是了。

学会积极地应对失败

前期描述：

有位爸爸问我："维护孩子的成就感重不重要？"我说："自然重要呀！"这位爸爸接着问："但我的朋友不能很好地配合我一起维护我的孩子的成就感，这样的朋友我还要交吗？"我请他描述一下当时的具体情景，这样我才好判断。于是，他跟我做了如下描述：

他与孩子下棋的时候，每回都故意输给孩子。孩子以为自己的棋艺高超，逢人便说自己的棋艺高，连他下棋很有一手的爸爸都赢不了他。有一天，家里来了一个爸爸的朋友，孩子便主动邀请他下棋，谁知没一会儿，孩子就败下阵来。孩子不服，就又下了一局，然后又输了，等到第三局又输了后，孩子突然哇哇大哭起来，他完全不能接受这个事实，他根本想不通这个棋艺远不如爸爸的叔叔怎么局局赢了自己。这个爸爸见状，跟他的朋友悄悄说："别和孩子一般见识，你们再下一局，让他赢一回。""为什么要让他赢呢？他应该明白自己的棋艺还有很大的提升空间。"这个朋友很不理解孩子的爸爸为什么要这么做。孩子的爸爸自然有他的理由，他说："你是大人，他是孩子，提升任何一项专业技能的前提是兴趣，而兴趣来源于多次成功的体验，你让着他一点，自然他就获得了成功的体验，也就对下棋有兴趣了，有了兴趣自然会在棋艺方面有所提升。""光有兴趣，没有意志，难道就好吗？"朋友这么一反问，孩子的爸爸接不上话了。

于是，便有了孩子爸爸问我的那一幕。

老实说，我更认可孩子爸爸的朋友的做法。尤其是在孩子的爸爸一直故意让着孩子的情况下，更加需要有人让孩子正确认识自己的棋艺水平。长期以来，我们深受"兴趣是最好的老师"这句话的影响。孩子的爸爸更是将"兴趣"这面大旗高高举起，殊不知其中隐藏着溺爱和欺骗，让孩子无法看清事实，内心也会变得越来越脆弱。试想，仅凭一时兴趣，爱迪生能发明电灯吗？莱特兄弟能制造出世界上第一架飞机吗？爱迪生和莱特兄弟不都是在一次又一次的失败中坚持不懈，最终才获得成功的吗？就是经历了无数次"不可以"，才有"务必要可以"的决心和斗志。我们可以在和孩子玩一些竞技游戏时故意输给孩子一两次，但是要知道，只有让孩子积极地应对失败，他们才会变得坚强。

不要小看一句含有爱意的话语

前期描述：

一次，在饭桌上，有一对刚生了宝宝的夫妇与我们一起吃饭，听说我是从事教育工作的，他们就跟我谈起孩子的教育问题。妻子说："宝宝刚出生，我们都很爱他，常常对他说'我爱你'，可宝宝的奶奶不许我们经常这么说，认为这样的话说多了，孩子以后可能经不住风雨。"她的丈夫接着说："就是嘛，我们之前都喜欢这样和宝宝说，可宝宝奶奶说的我们也觉得有道理，你认为呢？"我听完他们的话，跟他们表示我并不认可宝宝奶奶的话，然后表达了我的观点。

父母在与孩子进行情感交流时要多使用"孩子，爸爸妈妈最爱你了"这类积极的话语。但是，很多父母很难把"爱"字挂在嘴上，哪怕孩子做得很好，取得了让人满意的成绩，他们也不过是说一声"你真棒"。对孩子来说，只有称赞就如一碗炖得极好的鸡汤里少了一些盐，而鸡汤里的"盐"就是父母明明白白表达出来的"爸爸妈妈最爱你了"这类话。

有的父母会说，孩子知道父母是最爱他的，没有必要天天把"爱"字挂在嘴上，不是说在蜜罐里长大的孩子经不起风吹雨打吗？这话乍听起来没错，但往深处一想还是有问题的。爱孩子不等于让孩子"饭来张口、衣来伸手"，爱孩子也不等于不让孩子经历风雨。相反，孩子越是在风雨中砥砺前行，父母越应该在背后为他鼓气加油，并告诉他："爸爸妈妈最爱你了！"父母对孩子的爱越浓烈，越能帮助孩子战胜困难、抵御风雨。

长期生活在一个充满爱意的环境中，孩子才不会过于谨小慎微、唯唯诺诺，他们比较自信，即使自身条件不是很好，也能因为有父母的爱而更加清晰地认识自己，自信心会更强，获得成功的可能性就会更大。

所以，不要小看一句含有爱意的话语，它既是一个可以战胜一切困难的武器，也是一根可以创造无限奇迹的魔法棒。一个从小生活在充满爱的家庭里的孩子是何等幸福！

警惕"愧疚之心"

前期描述：

一次，在家长会散场后，一个妈妈专门找到我，她想让她的孩子每天早上八点半之后再来幼儿园。我问她原因，她说因为自己要上班，孩子出生不久就被送到乡下外婆家，自己没有尽到一个母亲该尽的责任，现在终于把孩子接到身边了，孩子之前在外婆家养成了早上晚起的习惯，她不想让孩子因上幼儿园而早起，只想多给孩子一些关爱，让孩子开心快乐一些，这样，她才会更加安心。听完这个妈妈的请求后，我没有答应她，这个妈妈很不解地看着我，问我："您难道不能理解我这个做母亲的心吗？您难道不可以帮帮我，让我在孩子面前少一些愧疚吗？"我说："在对待孩子的教育问题上，你的这种想法是有问题的。"她问："有什么问题？"于是，我跟她说了如下一段话：

有的父母，尤其是母亲，在对待孩子时常常怀有愧疚心。有的说："我觉得挺对不住孩子的，每天加班加点地工作，根本没有时间好好陪陪孩子。"有的说："我的孩子很小就自己洗衣做饭，和同龄孩子相比，他太可怜了，不过也是没办法，家里没人帮忙看孩子，自己又将工作看得很重要，真是愧疚。"有的说："一到放假，别的孩子不是出去旅游就是与爸爸妈妈在一起，我家孩子只能被送到乡下去。"总之，一些父母为了赚钱养家，不得不让孩子"野蛮生长"。对此，他们常常心怀愧疚，常常有意无意地在亲朋好友面前表达一下自己的愧疚之情。有的妈妈当着孩子的面也会说起这些，甚至一次又一次地跟孩子说："妈妈对不起你，妈妈亏待你了。"

如此这般，合适吗？

我觉得极其不合适。如果父母在孩子成长过程中常常怀有愧疚之心，那么会对孩子产生一些不好的影响。

第一，孩子可能产生顾影自怜的心态，一旦产生这种心态，孩子就不太容易与其他小朋友建立友善的互动关系，久而久之会让孩子少了朋友，多了孤寂。

第二，父母越愧疚，孩子越有可能利用父母的愧疚之情为自己的过错找借口。比如，孩子成绩不好，他会觉得是因为父母在他学习上管得太少了。就连生病了，他们也有可能把责任推到父母身上。

第三，父母越愧疚，越有可能溺爱孩子。比如，父母离异后觉得对不起孩子，就在吃穿用度上无条件满足孩子，最终可能使孩子成为一个好吃懒做的人。

美国儿童心理学家鲁道夫·德雷克斯曾说："在教育中，能放下愧疚感去直面孩子的成长问题而守住教育底线的妈妈，是非常了不起的妈妈。"希望在生活中，少一些总是对孩子怀有愧疚之心的父母，若是爱孩子就勇敢地放下一切陪伴孩子。要知道，愧疚并不是帮助孩子健康成长的武器。

如何保持并发展孩子的好奇心

前期描述：

一个妈妈问我："对孩子来说，好奇心是不是很重要？"我回答道："我觉得很重要，我认为，没有好奇心的孩子是没有未来的。"这个妈妈张大了嘴巴看着我，半天没有回过神来。停顿一段时间后，她沮丧地对我说："我之前没有觉得好奇心多么重要，从来没有认真地想过如何对我的孩子进行这方面的培养，现在还来得及吗？"我笑着看着她，认真地对她说："可以的，现在开始一定来得及！"回到家后，我整理了一段文字发给她：

好奇心是人类发展的第四驱动力，拥有好奇心的人往往更聪明、更富有创造性，也更容易成功。好奇心具有帮助人们开阔眼界、更好地认识世界、为生活增添乐趣等作用。牛顿对一个落地的苹果产生好奇，于是发现了万有引力；瓦特对烧水壶上冒出的蒸汽产生好奇，于是改良了蒸汽机……不得不说，好奇心在一定程度上成就了科学家。回到孩子身上，我们不难发现，一个充满好奇心的孩子，比较容易发现隐藏在各个角落里的乐趣，并且在

第一章　生活处处是教育

探索的过程中，容易获得成就感和满足感。每个孩子一出生，就有了好奇心。那么，如何帮助孩子保持并发展好奇心呢？

首先，经常带他们到广阔的大自然中去，鼓励他们与大自然中的一草一木积极互动，给予他们充足的探究时间，在保障安全的前提下，允许他们自由发挥。

其次，认真对待孩子提出的每一个问题，不敷衍了事，更不笑话他们。孩子提出的每一个问题都是有意义和价值的，有的时候大人也不知道如何回答，不过，就算不知道如何回答，也要积极带领孩子一同寻找正确的答案。或许，有的问题一辈子也寻找不到正确的答案，那也没有关系，重要的是，我们愿意陪伴孩子、支持孩子坚持不懈地寻找下去。

最后，鼓励、支持孩子自己解决问题，而不是家长包办。若孩子不会系鞋带，没关系，让他自己先观察，再模仿练习。若孩子不会使用洗衣机，没关系，可以先给他演示一遍，万一他在操作的过程中把洗衣机弄坏了，正好可以借此机会让他看看洗衣机的构造。若孩子想给远方的朋友写信，但不知道如何寄过去，没关系，让他自己去问问那些经常写信的大人，然后找找邮局在哪里……只要大人不经常说"你还太小，干脆我来帮你"这样的话，孩子自然会探索出更多自主解决问题的办法，这样也就提升了解决问题的能力。孩子能力越强，发现问题的概率就越大，好奇心就是这样被保持且不断发展的。

保护好孩子的学习兴趣

前期描述：

一个妈妈与我谈论关于孩子学习的事情，她发现孩子学习时总是需要大人陪着，如果大人不陪着，孩子就会开小差。我认为家长总逼着孩子学习不是办法，在幼儿园阶段，家长就过分操心孩子学习的事情，还要当"监工"，不是在帮助孩子，只会让孩子在主动学习的路上越走越偏。于是，我在这个妈妈面前表达了我的观点。

孩子学习时务必重视"自主"两个字。若是孩子自己主动学习，学习的效率就会很高，就会自然而然地将书本上的知识转化为自己的内在知识，继而构建属于自己的知识体系。若是被迫学习，孩子学习的效率就会很低，识记知识时也不过是"囫囵吞枣"，哪怕当时记住了或弄懂了，过一段时间就会忘记。所以，幼儿园阶段的学习，不是要让孩子学到什么知识，而是要培养孩子的学习兴趣，让幼儿爱上学习。其实，说"爱上学习"还不够准确，越小的孩子越爱学习，孩子天生就有探究万物的欲望，就有学习的兴趣，因此家长和幼儿园老师要做的应该是保护好孩子学习的兴趣。

保护好孩子学习的兴趣就是当发现孩子正在认真地做一件事情的时候，不要生硬地制止他。比如，孩子正在用积木搭建一座"高楼"时，不要说时间到了，该收玩具了；孩子正在泥巴地里快活地玩耍时，不要说弄得满身都是泥，不许玩了；孩子正拿着一把小刀研究如何用它切断厚厚的木头时，不要说这个太危险了，必须立即停止……孩子只要不是故意捣乱，只要是在全身心地做一件事，大人要做的就是静静等待。有的家长说，到了吃饭的时间也任由他认真地摆弄积木？我说，是的，等他摆弄结束后再吃饭，你看，那些著名的科学家不也常常"废寝忘食"。

有的家长问，是孩子的个人卫生重要还是尊重他的兴趣重要？我认为，二者都重要，万一产生矛盾，最好是个人卫生为兴趣让路。因为卫生可以事后做，但兴趣的种子一旦被扼杀，可能再也不能破土而出了。安全教育也是如此，只要不对社会造成负面影响，在保护孩子学习兴趣这条路上，大人应该做好让孩子受点小伤的准备。

保护好孩子的学习兴趣就是为孩子提供丰富多样、自由探索的环境；就是及时鼓励和肯定孩子的自主学习行为；就是严格要求自己，在孩子面前树立爱学习的形象；就是允许孩子犯错；就是尽可能地减少孩子间的横向比较；就是坚决杜绝"包办代替"。

幼儿教育需要长期跟进，如果孩子长大以后依然对学习有热情且具备自主学习能力，就说明幼儿教育没有白做。

两块榴梿引发的思考

前期描述：

因为剩下的两块榴梿被两个女儿分吃了，不仅没给妈妈留一口，还遭到女儿的白眼（孩子的意思是想吃就直说，不说被我们吃了也理所当然），所以妈妈感到十分委屈，就在朋友圈吐槽女儿冷酷无情。有朋友说："这个妈妈平时一定非常爱孩子，孩子自然就不懂得感谢父母。"也有朋友说："也怪不得这俩孩子，你自己不说想吃，人家怎么知道你也爱吃呢？"朋友们聊到这个话题的时候，问我怎么看，我的想法：

第一，榴梿还没有被分吃前，妈妈可以将剩下的两块榴梿拿出来，请两个孩子一起讨论如何处理这两块三个人都爱吃的水果。尤其需要注意的是，妈妈应该在孩子面前明确地表达自己也和孩子一样爱吃榴梿。我是这么想的，现在不是缺衣少吃的年代，无论是自己还是孩子都不会因为少吃了一块榴梿而影响身体健康。所以，谁吃不是重点，重点是通过讨论如何吃，一方面，让孩子学会理解、关爱家人，懂得分享，学会感恩；另一方面，体现出每个人都是家里的主人这样平等、民主的观念。无论孩子怎么分，都应让孩子说出这样分的理由。

第二，若还没有等妈妈将两块榴梿拿出来讨论，榴梿就被两个女儿分吃了，妈妈也不必感到沮丧、委屈，尤其是没有必要在朋友圈里吐槽自己的女儿。女儿有这样的行为，妈妈应反思自己平时是否没有对孩子进行感恩教育，缺乏对孩子责任心方面的培养，或是否对孩子较为溺爱，凡事让着孩子，尽最大努力满足孩子的各种需求，哪怕有些需求并不合理，也没有给予正确的引导。与其吐槽孩子不知道感恩，不如反思一下自己在教育方面的缺失，以便更好地教育孩子。

总之，只是两块榴梿的事，不必看得太重，也没有必要讨论出谁对谁错来。但是，也不要小看"两块榴梿"这件事，据此做一些反思是很有必要的。

不要立马给孩子答案

前期描述：

在地铁上，我听一个孩子与妈妈的对话。

孩子问："丝瓜是长在地上还是地下的？"

妈妈说："地上。"

孩子接着问："长在地上的蔬菜还有哪些？"

妈妈说："黄瓜、南瓜、茄子、豆角都是长在地上的呀。"

孩子再问："长在地下的呢？"

妈妈回答："萝卜、红薯、土豆、生姜都是长在地下的呀。"

……

孩子有问不完的问题，妈妈既像一个有问必答的机器人，又像一个无所不知的百事通，只要孩子一提问，妈妈立马能给出答案。坐在旁边的一位奶奶见状，对这对母子连连称赞，先夸赞孩子爱动脑筋、会提问题，然后夸赞妈妈学识渊博、有问必答。我不觉得这样很好，相反，我有这样的疑问："凡事都能在妈妈这里找到答案，对孩子的成长真的好吗？"

在我看来，作为父母，当孩子提出问题时，没有必要马上给出答案，应该先让孩子自己思考。况且，生活中很多问题是没有标准答案的，站在不同的角度思考，能得出不一样的答案。这个世界不是非黑即白、非左即右的，一些看似正确的答案在不同的时期、不同的环境下不一定正确。父母可以鼓励孩子大胆想象、大胆创造，自主寻找答案。

　　还记得多年前听过的一个故事。在美国，有一个小女孩在幼儿园学会了字母O，母亲不仅没有感到骄傲，反而将幼儿园告到了法庭，要求赔款1 000万美元，理由是幼儿园剥夺了自己女儿的想象力。因为在认识O之前，小女孩一直把O说成苹果、太阳、足球、鸟蛋等，现在却只认为那是一个字母。最终，这位看似无理取闹的母亲胜诉了。以前，听到这个故事，我认为这个母亲小题大做，甚至认为这位母亲是为了博取大众的眼球。如今，我不这么认为了，尤其是我经常在一些公共场合见到一些父母一边走一边和孩子讲个不停，孩子不用提出疑问，也无须思考，就连基本的观察和对周围新生事物的探究也不需要，父母会直接把答案告诉孩子。见多了这样的场景，我才真切地意识到由字母O引发的那个官司是多么发人深省。

至于地铁上的那对母子，虽然当下孩子还有提问题的兴趣，但时间久了，我估计孩子提问题的兴趣会渐渐消失。如此这般轻轻松松就能在母亲那里获取想要的答案，还有必要自主探索、积极创新吗？我认为，父母这样做不是爱孩子，而是害孩子。

对此，一些教育专家给父母支招：在回答孩子提出的问题之前，至少等上3秒钟！

培养孩子良好的社会适应能力

前期描述：

培养孩子良好的社会适应能力，是促进他们健康成长的重要内容之一。有的孩子在家里活泼好动，一到陌生的环境就害羞腼腆、哭闹不止；有的孩子平时一个人玩得挺好，只要与小伙伴在一起，就会出现争吵打闹的行为；有的孩子很想和小伙伴一块做游戏，但又不知道如何融入他们……这些其实都是孩子缺乏良好社会适应能力的表现。

那么，如何培养孩子的社会适应能力呢？

若你的孩子还在婴儿期，那么从这个时候开始培养孩子的社会适应能力准没错。婴儿期，培养孩子的安全感和对人的信赖感非常重要，这将为其一生奠定重要基础。所以，父母若能自己照顾孩子，就不要将其交给保姆。如果没有办法亲自照顾，也要挑选有爱心、有素养的保姆，要让孩子在婴儿期就得到及时、周到的照顾，尤其注意不要几天就换一个带养人，这样十分不利于孩子安全感和信任感的建立。

若孩子已经过了婴儿期，也不要紧，只要有对孩子进行社会适应能力培养的意识，哪怕孩子大了些，也不迟，就从当下做起。若孩子父母的社会适应能力很强，愿意且有能力与形形色色的人沟通交往，其孩子也就有了学习、模仿的榜样。父母平时要多带孩子到社会中去，让孩子多与不同的人打交道，多参与丰富多彩、生动有趣的游戏，孩子的社会适应能力自然而然就能得到提高。若父母本身就是"社恐"，安全感不强，就先从自己做起，和孩子一同学习走向社会。若是不知道从何入手，我建议与小区内的邻居合作，组织各种亲子游戏，让孩子从游戏中学会与不同的人沟通交流。若是条件允许，每年可带孩子出一两趟远门，在旅行途中总能让孩子感受与美景相逢的喜悦、与同行人交流的快乐。

总之，孩子良好社会适应能力的获得需要父母的陪伴，需要父母对孩子无条件接纳。父母永远不要在孩子面前说"你怎么这么木讷""你就是胆小鬼"这类的话。

同情心是孩子不可或缺的一项重要品质

前期描述：

在不少父母眼里，孩子的同情心不是关注的重点，他的学习成绩更重要。比如，孩子会为一只死去的兔子哭泣，有的父母见状就会说："不就是一只兔子，怎么没见你因为考试成绩不好而伤心呢？"再比如，孩子见到街边乞讨的人会主动给一些食物或零花钱，有的父母见状直接对孩子说："他们都是骗人的。"或者，孩子兴高采烈地告诉父母今天扶了一个摔倒的小妹妹，有的父母不但不及时表扬孩子，反而说："别人的闲事你倒爱管，自己的学习怎么就不爱管呢？"久而久之，孩子就对周围需要关心的人或事熟视无睹了。糟糕的是，即使孩子没有了同情心，有的父母也不觉得有什么不好，反而觉得这样的孩子内心更坚强，能把更多的心思用在学习上。最后的结果可能是，孩子的眼里只有成绩和自己，虽然考上了一个不错的大学，找到了一份不错的工作，但身边没有朋友，对待家庭也无担当。

同情心，对孩子、成人来说是不可或缺的一项重要品质。同情心使我们有别于机器，有别于其他动物。当一个人展现出对他人的关心和理解时，他人会感到被理解和尊重，从而在彼此间建立密切的联系。相较于缺乏同情心的人，有同情心的人的社交能力更强，朋友也更多。有同情心的人总会换位思考，感受他人的痛苦和不幸，从而当自己遇到痛苦和不幸时，能很好地调整情绪，尽快走出困境。

同情心如此重要，那么，如何在孩子还小的时候就对其进行培养呢？

首先，为孩子创设一个充满爱的环境。理想的充满爱的环境：孩子能感受到来自父母、老师无条件的爱；没有打骂、歧视、恫吓，有的是理解和尊重、民主和自由；在确保安全的前提下，孩子可以做自己想做的事情，遇到困难也能获得帮助；哪怕孩子犯错了，也不会受到过多苛责，父母和老师会以讲道理的方式对其进行提醒。

其次，当父母或老师看到孩子有同情他人的行为时，要给出相应的鼓励和肯定,让他知道这样做是正确的。比如,主动安慰一个正在哭泣的小伙伴,细心救助一只受伤的小鸟,主动为老弱病残孕让座,为贫困山区的孩子捐赠物品……孩子的每一个带着正能量、满满爱心的举动都值得父母和老师称赞。从小就得到肯定,在心中种下一颗爱的种子的孩子,长大后必定会收获一个充满爱的大花园。

需要注意的是,父母要避免在孩子面前争吵,否则孩子会没有安全感,内心会充满恐惧和担忧,时间长了就会丧失同情心。

最后,我希望每一对父母都能帮助自己的孩子守护好一颗原本宝贵的同情心。

警惕粗心这样的毛病

前期描述：

粗心，听上去不是大毛病，有时却会造成不可挽回的损失，甚至让人悔恨终生。比如，出门时忘记锁门，导致财物被盗；考试时忘记写名字，导致考试成绩为零；订机票时弄错日期，导致上不了飞机；竞标时遗漏了一组数据，导致竞标失败；刹车时错踩了油门，导致交通事故发生……所以，我们不能小看粗心，应时刻保持警惕，改掉粗心这个毛病。

在孩子很小的时候，父母和老师就应该有意识地培养孩子做事一丝不苟的好习惯。如果我们只是提醒孩子做事要认真，不要粗心，通常收不到好的效果，关键还是让孩子从小事做起，不断练习。比如，鼓励孩子做一些细致活，如穿针引线、捡豆子、夹花生、拼图等，以此提高孩子的专注力。此外，还需要保证孩子所处的环境井然有序，例如，在家中，各类玩具、学习及生活用品等均要摆放整齐。

我曾经到过一些总是抱怨自己的孩子做事太粗心的父母家里，一看多半收拾得不够整洁有序。孩子在一个杂乱无序的环境中生活，自然就难以养成做事一丝不苟的好习惯。另外，家长应注重培养孩子的责任心。如果孩子不觉得自己是家庭中的重要成员，对家庭的责任感不强，他出门的时候自然就不会在意门窗是否关好了；如果一个孩子不觉得考试重要，自然就不会在考试的时候认真读题、审题。一个人只有对一件事有很强的责任心，做起事来才会上心；只有上心，才会少出错。同时要注意，当发现孩子粗心的毛病时，不要给孩子贴上负面标签，也不要严厉批评他，否则可能会使孩子产生逆反心理。无论是老师还是家长，都应该尽早减少包办代替，放手让孩子自主成长。只有孩子愿意自己的事情自己做，才能减少因为粗心产生的错误，把自己应该做的事情做好。

总之，好习惯的养成不是一蹴而就的，只有从孩子的实际出发，制定适合孩子的方案，坚持下去，才会有好的结果。

最重要的习惯

前期描述：

有一位年轻的妈妈问我："你是幼儿园老师，我问一下你，你觉得孩子在六岁之前最应该培养的习惯是什么？"这个问题问得好，我们平时只会说学龄前儿童应该养成饭前、便后洗手的卫生习惯，早睡早起的作息习惯，一页接着一页翻看图书的阅读习惯，每天坚持锻炼一小时的运动习惯，物品从哪里拿就放回哪里去的收纳习惯……我们很少去思考这些习惯中哪一个最为重要。到底哪一个习惯对学龄前儿童来说最为重要呢？有人会说，每一个习惯都重要，这么多好习惯一个一个培养就是了，为什么非得弄个一二三名来。这样说其实也没错，对孩子来说，并不是只养成一个好习惯就万事大吉了。一个全面发展的孩子，其身上一定有无数个好习惯。既然这位年轻的妈妈问了，我觉得这个问题值得我好好思考。

我想到了一个发生在幼儿园里的故事。那天，我正好在一个班级里查看老师的带班情况，一个孩子拿着一张白纸怯怯地走到我的面前，用很小的声音对我说："老师，我不会折。"我立马蹲下来问孩子："你想折什么呢？"孩子看着我，想了一会儿，说："折小船。"若是以前，面对这么可爱的孩子，我一定会立即帮他折一只漂亮的小船。然而，那天我没有这么做。我先竖起一个大拇指，对孩子说："你这个想法真好！"然后问他："你想折个怎样的小船呢？"我耐心地等待孩子把自己的想法说出来，再与他一起用电脑搜出和他想法大致一样的船的样子，然后，我折一步，请他按照他的想法折下一步，这样交换折了两三次后，孩子就不用我帮忙了。最后，他折出了一个歪歪扭扭的小船。这个小船虽然不好看，但我在孩子激动、兴奋的表情里看到了自信的力量。之后，我还去过这个班级几次，我发现这个孩子与我交流时更自信了。班上老师也对我说："这个孩子以前遇到困难总喜欢依赖大人，现在已经很少对老师说'我不会''你帮帮我'这样的话了。"

想到这个故事，我再次思考，对学龄前儿童来说，独立自主的习惯是不是最为重要的呢？所谓独立自主，简单地说就是个人在遇到问题时，不依赖别人，自己独立思考，以解决问题。具备这种习惯的人会积极探寻真理，其视角会更加广阔、思维会更加缜密，会努力使自己成为一个有教养且博学的人。

和独立自主相悖的是依赖他人、人云亦云、缺乏主见。就像武志红在《巨婴国》一书中提到的那样,凡是心理不成熟、缺乏思考能力、有依赖性的人,未来可能有不好的结果,最终会导致"巨婴现象的产生"。在幼儿园里,我喜欢听老师这样与孩子对话:"你自己想想看。""还有没有别的办法?""我想听听你的意见。""你还有什么问题吗?""谁愿意来试一试?"我也希望家长在与孩子沟通交流的时候多使用这样的话语,少一些命令、说教的话语。

第二章
假爱了孩子，可怜了自己

　　这样的妈妈一般会说自己多么爱孩子，为了孩子做了多大的牺牲。其实，她不过是假爱了孩子，可怜了自己。

假爱了孩子，可怜了自己

前期描述：

孩子："妈妈，我好累呀。"妈妈："你有什么好累的，你除了学习，别的什么事都不用做。你看妈妈，白天要上班，晚上回家还要给你们做饭、洗衣服，周末还要打扫卫生，我比你累多了。"

孩子："妈妈，我好难过。"妈妈："你有什么好难过的，从没缺过你吃穿。你看妈妈，在单位要干活，回家还要干活，既没吃好，也没睡好，还没穿好，我比你难过多了。"

孩子："妈妈，我很生气。"妈妈："你有什么好生气的，我既没打你也没骂你，想要什么就给什么。你看妈妈，在单位要受气，在家里也要受气，我比你生气多了。"

不少妈妈是这样与孩子对话的。这样的妈妈一般会说自己多么爱孩子，为了孩子做了多大的牺牲。其实，她不过是假爱了孩子，可怜了自己。

在这样的妈妈带养下的孩子很可能会：

（1）自卑，觉得自己什么事情也做不好，不如别人优秀。

（2）缺乏同情心。自己的感受得不到妈妈的理解，久而久之，就不会向别人分享自己的感受了，同时也无法感受到别人的心情。一个没有同情心的人无法有效地处理人际关系。

（3）沉默寡言。害怕自己的表达遭到他人的反对，所以干脆不开口。

（4）缺乏责任意识。无论做什么事情都由大人安排，就连表达自己的感受也被大人限制，那就什么也不想、什么也不做了，久而久之容易产生"天塌下来也与自己无关"的想法。

如此，我们还要做这样的妈妈吗？

这不一定就是挫折

前期描述：

朋友家孩子娜娜这几天沮丧极了，因为她没有被邀请去参加好朋友珍珍的生日会。去年娜娜过生日的时候，第一个邀请的就是珍珍，她怎么也想不通，珍珍这次生日会邀请了四个小伙伴，为什么没有邀请她。当隔壁家的丽丽也被邀请去参加生日会的时候，娜娜捂着被子哭了整整一下午。

我看见娜娜的时候，她依然一脸沮丧，无精打采地喊了一声"阿姨"。虽然已经在朋友那里了解了事情的原委，但我还是想听听娜娜是如何描述这件事情的。娜娜流着眼泪把整件事情说给我听。说完之后，她十分气愤地问我："阿姨，你说珍珍是不是做得太不好了？"我看着伤心、失落的娜娜，也很心疼，我摸摸她的头，认真地对她说："这是她的权利，她有权选择不邀请你。"娜娜听我这么一说，张着嘴想要反驳，我示意她等我说完。然后，我接着说："就如你上次过生日只邀请了珍珍却没有邀请其他人一样，可能其他人也很伤心，但在这件事情上，邀请谁和不邀请谁是你的权利，你无须有心理负担。""可是，珍珍是我最好的朋友，这不一样。"娜娜反驳。"那是你认为的，珍珍也许并不这么认为，或是，这一次生日会，她本来就想邀请一些平时疏远的朋友呢？你胡乱地猜测只会让自己越来越伤心、越来越失去理智。"我说这些是相信已经十岁的娜娜能听得懂这些话了。

其实，现在不少孩子家里兄弟姐妹不多，所以把友谊看得十分珍贵，这当然是好事。但有的时候，在珍贵的友谊背后隐藏着一双"手"，它的名字叫"占有"。这也是当下一些孩子自私的表现。他们会用足够的真心对待好朋友，同时也希望对方用同样甚至更多的真心对待自己。而且他们认为，既然是自己认定的好朋友，就不允许别人"占有"，否则就觉得自己受到了欺骗。在交朋友的过程中，如果孩子始终是这样一种心理，父母就应该高度重视，及时纠正孩子这一心理问题。

娜娜这种情况，不是一次对话就能让她想明白的。所以，父母千万不要着急，不要只是简单地讲一些大道理，我觉得父母还可以这样做：

（1）带孩子多出去走走，多去了解所到之处的风土人情，孩子眼界开阔了，心胸也会更加开阔。

（2）既要行万里路，也要看万卷书。书籍是孩子忠实的朋友。家长要想让孩子爱上阅读，就要带着孩子一同阅读，和孩子一同谈论阅读感悟，每隔一段时间在家里安排一次"阅读共享会"，还可以评选家庭中的"阅读明星"。总之，书读得越多，孩子懂得的道理自然就越多。

（3）引导孩子做自己想做的事情。让孩子在做一件事情之前先问问自己：是自己愿意去做的吗？是不需要回报的吗？很多时候，我们做事情有太多的功利心，比如对朋友好，就希望朋友也对自己好；努力工作就希望能被领导看见并获得表扬；就连在路上扶起摔倒的老人之前，也会想一想："这样做对我有好处吗？"如此做事就太累了，幸福的人生其实很简单，就是做自己想做的事，先别计较回报。

孩子在成长的路上一定会遇到很多挫折，应不断积累经验，勇于克服困难。我想说的是，不要轻易将一些让孩子感到沮丧的事定义为"挫折"，若家长在孩子很小的时候就对其进行正确的引导，拓宽孩子的视野，开阔孩子的胸怀，那么别的孩子眼中的"挫折"，在你的孩子眼中可能就不是事。如此，还何谈"挫折"？

关注那些内向、自卑的孩子

前期描述：

在幼儿园里，大部分孩子是活泼可爱、开朗大方的，也有一小部分孩子不太愿意与人交往，做任何事情都提不起精神，害怕被别人嘲笑。为什么会有如此表现的孩子呢？除了性格因素，还与家庭教养有关。在幼儿园里，如果老师遇到这类孩子，就要关爱他们，想尽一切办法改变这些孩子的自卑心理，让他们拥有健康的心态。那么，老师应该怎么做呢？

首先，在我看来，最为关键的一点就是和家长取得联系，了解孩子在家里的表现以及家长的育儿观等。同时，老师要意识到，只和父母交谈还不够，还需要了解孩子的成长环境，父母与孩子的沟通交流方式，必要时可以用视频、照片或文字等形式做一些记录，以便和家长就一个小点进行深入细致的分析，以点带面，共同设计方案帮助孩子克服自卑心理。

其次，老师要想尽一切办法成为这类孩子的朋友。这类孩子大部分性格孤僻，有自卑心理，不太容易交到朋友，老师要率先成为他们的朋友，让他们相信老师，愿意在老师面前说心里话。

再次，从孩子感兴趣的方面入手，组织一些活动，鼓励孩子积极参与，让他们体验参与的乐趣。比如，有的孩子喜欢跳绳，就组织跳绳比赛；有的孩子热爱剪纸，就邀请一些剪纸艺人举办讲座；有的孩子认识很多种树叶，就鼓励孩子走出教室，去野外捡树叶、画树叶……总之，任何孩子都有自己的优点，老师要有一双善于发现的眼睛，看到孩子的优点，并充分利用这些优点培养孩子的自信心。

最后，充分发挥班级里那些性格开朗的孩子的作用，鼓励他们多和平时不怎么说话的孩子做朋友。与活泼开朗的孩子做朋友，也能在一定程度上改变内向孩子的性格。

总之，只要我们做老师的有足够的爱心、信心、耐心和恒心，每一个孩子都可以成为最好的自己。

接受孩子未来是个普通人

前期描述：

朱永新老师问："你能接受自己的孩子将来是个普通人吗？"这个问题不是问我一个人的，而是问千万名中国家长的。我想每一个家长都有自己的看法，回答自然也就不一样。

我，一个孩子的母亲，想象自己的孩子未来就是一个普通人，那个时候，我还会对着衣着朴素、满头大汗的他微笑吗？我想，他只要是我的孩子，我就会平和地接受他，接受他的平淡无奇，接受他的朴素无华。

人有很多种活法，这个世界需要一些伟大的人，更需要普通人。普通人只要能悦纳自己，能用自己的双手或多或少地为这个社会创造价值，哪怕这样的价值微乎其微，也是非常有意义的。每一条大河都是由无数个不起眼的小水滴汇聚而成的，这个世界的精彩和丰富不也是因为有了那么多普通人的参与吗？

我，也是一个普通人，我自己都无法成为一个不普通的人，又有什么理由要求我的孩子成为一个了不起的人呢？朱永新老师曾对家长说，你语文考试第一名，我体育成绩第一名，他数学第一名，有人踢球第一名，还有人剪纸第一名……每个人都做第一名不是很好吗？为什么所有人都要争抢唯一的分数"第一名"呢？我认为，哪怕不是"体育成绩第一名""剪纸第一名"，只要孩子做的是自己感兴趣的事情，且这些事情没有破坏社会的安定与文明，就可以了。

成人比成才更重要，幸福比成功更重要。有的时候，我会突然想到"我是一个人"，然后我就莫名其妙地开心：我不是小猫、小狗，不是一棵无法行走四方的植物。你看，当想到这些的时候我就开心快乐，正因为开心快乐，我不会干坏事，不会给这个社会带来不好的影响，反而还有可能影响一些人，使其和我一起开心快乐。如此，不成才、不成功，也就没有什么了。

我想，我的孩子不成才、不成功也可以，他只要身体健康、有思想、有见地，能快快乐乐地把一些普通的事情做好，少一些烦恼、多一些微笑，少一些抱怨、多一些期盼，少一些纠结、多一些释然，不也挺好的吗？

未来，就算我的孩子很普通，我也要时刻给他"点赞"。我想一个孩子如果有一个时刻给他鼓励的母亲，这个孩子就能感受到爱，感受到被信任、被重视，感受到温暖和期待。一个内心受到滋养、灵魂有温度的孩子即使再普通，也是一个好孩子！

如果每一个家长都能接受自己的孩子未来是个普通人，当下"双减"政策的落实就容易很多。

避免武断

前期描述：

一次，听完以"走进孩子的世界"为主题的家庭教育讲座后，坐在我身边的一位朋友问我："我也知道，孩子有孩子的世界，大人有大人的视角，如何让大人的视角靠近孩子的世界，让大人称赞的人、事、物，孩子也喜欢呢？"我听了之后，想了一想，觉得这么问不对，应该调整为如何让大人的视角靠近孩子的世界，让孩子喜欢的人、事、物也能得到大人的认可呢？我是这样和朋友说的：

比如周末，大人提议："我们去爬岳麓山吧！"孩子们不太乐意，都嘟着小嘴巴。那么，大人可以改一改，这么问："这个周末有出游计划，孩子们有哪些好的提议呢？"当孩子们提出自己想去游玩的地方后，大人可以这样问："有没有这样一个地方，既可以满足大人爬山的愿望，又可以让小孩子觉得好玩、有趣呢？"

这样处理的好处是既避免了武断，又了解了孩子的兴趣爱好，给了孩子发表意见和参与讨论的机会，提醒了孩子既要考虑自己的喜好又要照顾他人的感受。与此同时，在与孩子讨论的过程中，大人的视角也逐渐与孩子的世界靠近。

前面只是举一个例子，具体来说，我觉得大人可以从以下几个方面着手来靠近孩子的世界：

（1）主动陪孩子玩游戏、看动画片、看漫画书等，站在孩子的角度思考孩子的问题。

（2）试图回忆自己小时候的故事，将自己的视角放到与孩子一样的高度，理解孩子的所思、所想、所为，这种有目的的回忆需要刻意练习。

（3）有意识地引导孩子进入大人的世界，鼓励孩子与大人沟通交流。这个时候不要把孩子只是当成孩子，而是要把孩子当成一个独立的个体，一个可以在成人的世界里大胆观察、提问、体验、互动的人。如此，才能让孩子的世界变得更加广阔。

（4）大人应定期就如何与孩子有效沟通交流，如何理解、支持孩子等方面做一些有目的、有计划、有组织的探讨。

（5）大人应净化心灵。心灵越纯洁的人，与孩子的世界越靠近。与孩子的世界靠得越近的人，越有能力帮助孩子打开一个更为广阔的世界。

大人与孩子靠得越近，越有利于孩子成长，也越有利于大人自身的成长。有句话说得好："孩子才是我们最好的老师。"

理解孩子

前期描述：

有一位妈妈给我发微信，问我："你们从事教育工作的人总是说要理解孩子，可是到底怎样理解孩子呢？"收到这位妈妈的提问后，我是这样回复的：

我们和孩子是两代人，我们与孩子的年龄不同，成长环境和思维方式也有很大差异，我常常说要理解孩子，实际上，我们不可能真的理解孩子，但我们不能因为无法真正理解孩子就不去理解他们，这句话有些拗口，但意思应该表达清楚了，我们要学着理解孩子。

第一，多想想自己小时候的事，尤其当时觉得委屈的事。比如，小时候我很想和小伙伴一起去游泳，但父母害怕我出事，拿着竹鞭吓唬我，让我保证不靠近河水。我当时委屈极了，但又害怕父母的鞭子，只得向他们做出保证。如今，当自己的孩子也想去河边游泳时，我才体会到每一个孩子天生都是爱水的，只要做好安全保护措施，就可以让孩子尽情地在水中嬉戏。

　　第二，多给孩子创造说话的条件、提供说话的机会。有的家长说，我们也鼓励孩子说话，但他不说呀。其实，孩子说不说话，真不在于家长三番五次地与孩子说："你说话呀，你说什么我都听着呢。"这般提醒，孩子即使原本想说，也不愿意开口了。有一句话叫作"润物细无声"，你若让孩子说话，就给他创造说话的条件，比如，每次他说话时，你就做一个忠实的听众，表现出对他的话十分感兴趣的样子。还可以给他提供说话的机会，比如，召开家庭会议，就去哪里玩、吃什么进行讨论，每人轮流发言，听听孩子的想法；一同看完一部电影后，听孩子说说他的感想。只有孩子多说，大人才能更好地理解他的想法。

　　第三，多观察孩子的一举一动，不轻易打扰他。每一个孩子都似一本好看的故事书，有能力书写属于自己的故事，我们只需要陪伴在他身边，默默地观察他。观察得越多、越深入，就越能理解他。有的家长不懂得观察孩子，只要孩子有动作，不管做什么，都喜欢去干预，并问："你在干什么？为什么这么干呢？"或是直接对孩子说："我教你吧。"这样的家长就是把自己的意愿强加在孩子身上，自以为很懂孩子，实际上，这样的家长永远无法捕捉到孩子内心深处真实的想法。

第四，适当在孩子面前示弱。我们发现，父母越强势，孩子就越懦弱。所以，强势的父母要多在孩子面前示弱，让孩子多一些成就感和自信心。孩子越有成就感和自信心，就越容易沟通，也就越容易被理解。反之，他会把自己包裹得很紧，害怕他人闯入自己的世界，不会轻易把自己的想法告诉他人。

第五，多玩孩子爱玩的游戏，多看孩子喜欢看的动画片。这里面，有一种属于童年、属于孩子特有的东西，只可意会，不可言传。多玩、多看、多体会，对孩子的理解就会更深。

理解孩子不能只体现在言语上，还要体现在行动上。

关于惩罚这件事

前期描述：

"你不好好吃饭，晚上就不给你讲故事了。""你把衣服弄得这么脏，周六就不陪你去公园玩了。""你的考试成绩这么差，就不给你买新衣服了。"……我经常听到妈妈这样对孩子说，听得多了便想就这样的话题说说我的观点。

这是不少妈妈经常与孩子说的话。细细想来，问题很多。吃饭与讲故事有关系吗？衣服脏了与去公园玩有关系吗？考试成绩不好与买新衣服有关系吗？为什么一些父母把这些本不相关的事物联系在一起，以此作为对孩子的惩罚呢？当问到这个问题的时候，很多父母答不出来，他们只会说："别的父母不都是这样吗？孩子表现得不好，不应该惩罚一下，让他难受难受吗？"可是，让孩子难受就是目的？很多父母又会说："孩子难受了才会长记性，以后才会学乖，不会乱来。"所以，对家长来说，不给孩子讲故事、不带孩子去公园玩、不给孩子买新衣服等就是对孩子不听话的惩罚。但我们发现，在刚开始的一段时间里，孩子的不良行为能够得到明显"纠正"。但过不了多久,孩子就会恢复到原来的样子,丝毫不会因受惩罚有实质性的改变。

关于惩罚这件事,最重要的要看惩罚方式,不同的方式,会给孩子带来不同的体验,结果也大相径庭。在我看来,若需要惩罚,直接惩罚优于间接惩罚。比如,孩子不好好吃饭,就从吃饭这件事入手,对孩子说,过了饭点,就不要吃了,哪怕饿了也不能吃;孩子不爱干净,总是故意把衣服弄脏,就让孩子自己洗他的脏衣服,这样还可以锻炼孩子洗衣服的能力。直接惩罚的好处在于,孩子能更快理解犯错和惩罚之间的关系,从而更好地改正错误。

总之,如果孩子犯了错,针对当前这个错误教育就好,不要带着情绪,态度应温和且坚定。当然,很多时候孩子做错事情,并不一定需要惩罚,家长应具体问题具体分析。

慎用赞美

前期描述：

一对年轻的夫妇与我朋友很熟，一次，他们托我的朋友向我问了这么一个问题："按理说，经常赞美孩子会使孩子越来越自信，然而我们对孩子的赞美不仅没有增强孩子内心的力量，反而给孩子造成了负面影响，这是为什么呢？"我是这么回答的：

我想大致有四种原因：一是当孩子从不会到会，掌握了某些新技能或有了某些好想法时，做父母的永远都是"你真棒""你太聪明了"等千篇一律、空洞无味的赞美。二是有的父母在孩子本来就可以做好的事情上故意给出夸张的赞美。比如，走路去幼儿园本是一件极其简单的事，但只要孩子背着书包走几步，家长就对孩子说："你太了不起了！"三是有的父母对孩子说的话听起来像赞美，实际上是套着"赞美"外壳的挖苦。比如，孩子吃饭慢，有的父母会说："你真会细嚼慢咽呀！"四是有的父母把口头称赞与物质奖励混在一起。比如，孩子主动帮妈妈做家务，父母除了对孩子说"你真棒"，还会给孩子钱或物的奖励。

其实，这些赞美都算不上真正的赞美。赞美要讲究方法。那么，大人如何赞美孩子呢？我是这么想的：

一是进行描述式赞美。也就是先把孩子的具体行为描述出来，再给予肯定。这种赞美的重点是强调孩子的具体行为，这会让孩子把注意力放到自己的行为上，而不是在意是否获得了大人的好评。比如，当孩子扶起了一个摔倒的小弟弟时，我们就对他说："我看到你很认真地扶起了那个摔倒的小弟弟，并帮他拍了拍身上的灰尘，还问他摔疼了没有，你这样做很棒！"

二是坚持原则，不滥用赞美。有些事情本来就是孩子应该做的，做父母的只需为孩子提供一个自由发挥的空间，任由孩子按照自己的意愿做事。

三是切忌使用反面语言。孩子年纪小，有时候不明白大人的"话中话"，错把大人的反话当成真话。若某一天突然发现自己之前的理解错了，孩子可能会对大人之前给予的所有赞美产生怀疑，进而怀疑自己之前所做的一切正确的事。

四是慎用物质奖励。借助物质奖励，孩子做事的积极性可能在短时间内有所提高，但从长远来看，孩子做事的内驱力并没有显著增强。此后，孩子做什么事都会想：我能得到哪些好处呢？

五是真诚地说出自己的感受。一是赞美者——大人，要说出自己的感受；二是被赞美者——孩子，也要说出自己的感受。比如，孩子把散落满屋的玩具收拾得整整齐齐、井然有序，大人首先应该明确表达："我看到你把玩具放回了玩具筐，让屋子变得干净整洁了很多，我十分高兴。"然后问孩子："你觉得呢？"

总之，赞美一定要就事论事，坚持原则，真诚表达。若能在赞美时做出一些表达爱的动作，就更容易使孩子感动，从而做更多有意义的事情。但愿，赞美之花在孩子的世界里常开不败！

让孩子学会管理时间

前期描述:

一个妈妈在我面前抱怨,说她的孩子是一个不会管理时间的人,然后问我:"如何让孩子学会管理时间呢?"我是这样和她说的:

管理好时间的人,能够更好地掌控自己的人生,对孩子来说也是如此。从小对孩子进行时间管理的教育,有利于孩子收获一个更好的未来。那么,如何帮助孩子做好时间管理呢?

首先,让孩子对时间有一个基本的认识。比如,从认识昨天、今天、明天开始,到知道一年有四季、一周有七天,且是循环往复的,再到让孩子认识时钟,知道时间一去不复返等。需要注意的是,无论何种活动,都应以游戏的形式开展,而不是生搬硬套地教授,这样才能使孩子愉快地接受。

其次,在生活场所设置一些与时间有关的小物件。比如,在餐桌上放一个沙漏，在孩子的房间放一个闹钟，在门口粘贴一份父母的作息时间表，在书柜里放置一些与时间有关的绘本。

再次，在指导孩子做时间分析表的基础上，要求他自制时间安排表。若在孩子还没有建立相应的时间概念或不具备时间分析能力时，就要求孩子做时间安排表，孩子会手足无措，难以有效落实时间安排表上的内容。所以，家长应该和孩子一起记录他在一个小时里所做的事情，分析这样的时间安排是否合理，有没有改进的空间。这样练习一段时间后，再要求孩子独立制作时间安排表。刚开始制作时，不要将时间安排得过紧、事情安排得过多，否则，孩子执行起来会有困难，从而挫伤孩子的积极性。

最后，引入时间象限的概念。将时间分为不同象限，让孩子根据任务的紧急程度和重要性设置优先级，以便更好地安排时间。

总之，家长应重视培养孩子的时间管理能力，这对孩子一生的发展十分有益。

你可以先把风筝放好

前期描述:

我问一个孩子:"你长大想干什么?"她说:"放风筝,放很多很多的风筝,让风筝飞到高高的天上去。"我问:"天天放风筝吗?"她点点头。我又问:"没有风的时候怎么办呢?"她说:"那我就制造像电风扇那样的机器,不过是很大的那种,只要一插上电,就有风了。"我再问:"那下雨天、下雪天怎么办?"她说:"那我就把雨和雪赶走,让我放风筝的地方既没有雨也没有雪,只有风。"我说:"这个很难做到哦。"她说:"有什么好怕的,我长大后一定可以想到赶走雨和雪的好办法。"我笑着望着这个可爱的小女孩,觉得她的这个梦想真好。我刚想表扬她,她又开口说话了:"但我妈妈说长大后不能放风筝。"我问:"为什么?"她说:"妈妈说,长大后只有当科学家才光荣。"我说:"你把风筝放好了,也能当科学家呀!"她听我这么一说,先是高兴,过了一会儿,瘪起小嘴,说:"妈妈说了,只有好好学习,才能成为科学家。"

听完这个孩子的话,我不知道该如何接话了,多么美好的梦想呀，就这样夭折了？我记得曾经看到过这么一句话："我们特别容易走在习惯的老路上：打卡、上班、领工资、养孩子。很多父母喜欢走大家都走的路，其实千军万马过独木桥，未必是最优的选项。"很多父母不也这样阻止孩子实现梦想吗？好像只有认真学习，将来当科学家、作家、画家才是正道，因为他们小时候也是这样被父母教育的，哪怕当不了科学家，但梦想要是"正道"。可是，谁又知道，这个只想天天放风筝的孩子，未来不能成为科学家呢？就算成不了，只要有人愿意理解并支持她，她的内心就会因放风筝的梦想得以实现而感到幸福。

教育孩子好好学习本没有错，错就错在不少父母把放风筝与好好学习对立了，把自己认为的"正道"当成孩子必须走的路了。

请先从自己做起

前期描述：

我在一个朋友家里做客，朋友家有个三岁左右的小孩。朋友知道我是做幼儿教育工作的，便对孩子说："你今天要表现得乖一些，不然这个阿姨不让你上幼儿园。"我对朋友说："不要这样和孩子说话。"朋友没有理解我的意思，过了一会儿把孩子叫到身边，说："早就和你说过要早睡早起，阿姨幼儿园里的孩子就没有偷懒的，以后要记得哦。"孩子不服气，嘟着嘴巴说了一句："你自己起得也很晚呀。"朋友一听就怒了，对孩子说："你这小孩子还管起大人的事来了。"然后，扭头看着我，无奈地说："你看这孩子真不懂事。"我笑了笑，悄声对她说："你这个做家长的也有问题呀。"离开朋友家后，我便写了下面这些话：

有的父母总是向孩子提出各种各样的要求，却不肯从自身做起。例如，要求孩子早起，自己却睡到日上三竿；要求孩子早睡，自己却半夜还在玩手机；要求孩子上课认真听讲，自己却在上班时偷偷聊天；要求孩子尊重长辈，自己却对年迈的父母大声说话。

教育孩子，领导下属，其实都是这样一个道理，要想让对方按照自己的要求去做，就要让对方看到你的行动。只说不做，怎能让别人信服呢？

父母是孩子的第一任老师，也是孩子的人生导师，父母的一言一行都在影响着孩子。其实，孩子的一些缺点和不良嗜好是受父母影响形成的。孩子在成长过程中，一些道理也许还不能完全听懂，一些话也许还不能完全明白，但是父母每天做的事情他们都看在眼里。有的孩子所犯的错误，与父母没有起到带头作用、没有让孩子养成良好的习惯有关。日本作家池田大作曾说过："尽管孩子们说不出，他们也能切身感受到父母的生活态度。与其用嘴向他们灌输正义良知，不如父母在自己的生活中用身体力行来示范，可以说这才是最高明的方法。"

总之，要想孩子成为父母期盼的那样的人，父母就要以身作则。

是注满一桶水还是点燃一把火

前期描述：

一天，我在幼儿园里看到一位老师反复对孩子们说："你们一定要记住呀，回家后还要和爸爸妈妈说。"我看孩子们的眼神一个比一个呆滞，他们不懂为什么要记住这些他们既不感兴趣也无法理解的东西。我凑过去，看看这个老师一定要孩子们记住的是什么，一看才知道，是圆周率。这个"敬业"的老师希望大班的孩子都能记住圆周率。

"真正的教育不是注满一桶水，而是点燃一把火。"此刻，我的脑海里突然冒出了这样一句话。孩子的脑袋不是木桶，不能生硬地往里面注水。

就如前面那个老师要求孩子们记住圆周率那样，对大班的孩子来说，记得再多也没有多大用处，不如让孩子们主动把问题解决好。孩子亲自动手，慢一点也没有关系，只要孩子内心深处主动学习的火苗被点燃，他们就会爱上学习。

所以，我是这样理解的：教育不是你说我记，不是老师说"这道题会考的"，不是父母说"考不好就别回家"。教育是让孩子拿起书本就开心，遇到困难就迎战；是没有任何人逼着学习，孩子学习的热情始终如一团熊熊燃烧的火焰，永不熄灭。

到底谁对孩子的伤害更大

前期描述：

"妈妈，这饭凉了。""那我帮你热热。""妈妈，我的衣服脏了。""那赶快换下来，我去洗洗。""妈妈，妞妞说不和我做朋友了。""那我明天去找妞妞的妈妈，让她妈妈说说妞妞，朋友之间不能动不动就闹别扭。""妈妈，我的书怎么不见了？""啊？放到哪里去了，我找找看。"从这对母子的对话中，我们发现这样一个事实：如果家长总替孩子解决问题，那么孩子会出现各种各样的问题。

有的父母总有这样的疑问：自己的孩子为什么经常遇到一些倒霉事，不是摔伤了，就是被同伴打伤了；不是自己的东西丢了，就是把别人的东西弄坏了……实际上，这些问题的根源可能出在父母身上，尤其是包办代替的父母身上。如此一来，父母很难在孩子本应独立成长的时候抽身出来，孩子也就丧失了自己人生的主动权，"妈宝男""巨婴"就这样产生了。这不仅仅是家庭的悲哀，也是社会的悲哀。

写到这里，我想起之前发生在幼儿园里的一个故事：一个孩子在幼儿园里摔了一跤，额头上缝了几针，这个孩子的父母、姑姑、舅舅、外公外婆、爷爷奶奶一起到幼儿园里讨说法。他们不仅围攻带班老师，还打了园长，第二天又带着孩子在幼儿园门口拉起了横幅，要求幼儿园承担责任。同时，他们还在媒体上写了多篇文章，恶意攻击幼儿园。有人问他们："你们这么做何苦呢？"他们理直气壮地说："谁让我们的孩子受到伤害，我们就和他们拼命。"可是，在这种情况下，到底谁对孩子的伤害更大呢？

其实，在额头上缝了几针并不可怕，可怕的是一些家长打着保护孩子的旗帜，在孩子的心里缝了无数针，但他们全然不知。

第三章
不随便和孩子开玩笑

大人一句不经意的玩笑话，很可能会让孩子失去自信，一辈子无法对自己周围的世界产生信任感。所以，任何大人，请立即停止和孩子开玩笑！

不随便和孩子开玩笑

前期描述：

一次，在地铁上，我看见一个大人对他旁边一个两岁左右的小孩子说："你妈妈要生小弟弟了，你来做我的儿子算了。"孩子一听就哭了，那个大人还开心得不得了。我实在看不下去了，对那个大人说："这样的玩笑是不能随便和孩子开的。"那个人瞪了我一眼，不屑地回了我一句："关你什么事，他是我侄子。"唉，孩子的父母怎么放心让一个完全不懂孩子、不尊重孩子的叔叔带着孩子出去玩呢？我若认识这个孩子的父母，一定和他们说说，让他们重视起来，否则会在孩子幼小的心里埋下一颗缺乏安全感的种子。

真的不能随便和孩子开玩笑。孩子越小，和他们说话越要慎重，不要以为他们小，听不懂话。孩子不是玩具，每一个孩子都是一个独立的个体，都有自己的思想和尊严，随便和孩子开玩笑是不尊重孩子的表现。

第三章　不随便和孩子开玩笑

有一次，我在一家餐馆吃饭，听到一个妈妈对她的孩子说："如果你不把这碗饭吃完，今天就留在餐馆洗盘子吧！"孩子听了这句话，不仅不吃饭了，还一个劲儿地嚷嚷："我不想留在这里，我不想留在这里。"这位妈妈见孩子着急得不得了，神秘地对孩子说："你知道吗？在这里洗盘子的人都是因为不好好吃饭被他们的爸爸妈妈留在这里的。"妈妈说得神秘，孩子听得紧张，还哪有心思好好吃饭呀。我想，现在这个妈妈可能觉得这样逗小孩挺好玩的，以后，她可能收获一场场让她头疼的"亲子战争"。

真的不能随便和孩子开玩笑，随意逗弄孩子会让孩子产生恐慌、焦虑、迷茫和胆怯等心理。大人一句不经意的玩笑话，很可能会让孩子失去自信，一辈子无法对自己周围的世界产生信任感。所以，任何大人，请立即停止和孩子开玩笑！

允许孩子说"不"

前期描述：

一个妈妈对我说："这段时间太烦了，我家那个不听话的儿子动不动就说'不'。"我问："那你是如何处理的呢？"这个妈妈很直率，想也没想就直接回答说："我能怎么处理，还不是对他一顿批评。"我告诉她，这样处理是不对的，并真诚地建议她允许孩子说"不"。她十分不解，问我为什么这么纵容孩子，我是这么和她说的：

很多时候，面对坚定说"不"的孩子，大人总是习惯性地给他贴上"以自我为中心""固执""不懂得分享"等标签，很少站在孩子的角度结合当下的情景进行换位思考。

比如，大人对孩子说："我们一起去玩吧。"孩子回答："不！"听到孩子不同意，有的大人会生气。可是，大人怎么不想一想，孩子不愿意出去玩的原因是什么呢？可能当下孩子正在琢磨玩具飞机上的一个小零件是如何固定住机翼的。孩子正在深度思考，大人却要孩子和他一块出去玩，孩子怎能不拒绝呢？

再如，大人对孩子说："把你的玩具借给别的小朋友玩一会儿吧。"孩子回答："不！"孩子不愿意将自己心爱的玩具借给别人是没有错的，他自己还没有玩够，为什么要借给别人呢？就如你刚买了一套新房子，正准备搬进去住，有人跑过来对你说："把你的新房子先借我住几天。"再慷慨的人也不会爽快答应吧。这么一想，大人有他心爱的房子，孩子有他心爱的玩具，不外借自己心爱的东西，本身没有错。

在孩子不乐意为大人提供帮助这件事上，有的家长会想："连递杯子这样的小事都不愿意干，以后还能指望他干什么呢？"可是，如果孩子当下本就有些坏情绪，想独自发一会儿呆，缓解一下糟糕的情绪，却突然遭到大人的干扰，他们不就更烦了吗？

所以，当孩子说"不"时，大人，请别着急，也不要生气，多站在孩子的角度思考。只有理解孩子、尊重孩子，孩子才能健康、快乐成长。

如果错了，就大胆地说出来

前期描述：

一个朋友发信息给我，说她今天错怪了孩子，但又不好意思在孩子面前承认，问我怎么办。我对她说："如果错了，就大胆地说出来！"然后，写下了这样几段话：

如果大人错了，就大胆地对孩子说："我错了。"说出来，不一定是要得到孩子的谅解，也不一定是为了缓解愧疚感。只有说出来，才能改得彻底。如果连说都不敢说，怎么付诸行动，不断进步呢？

一个人一辈子不可能只做过对的事，没有做过错的事。优秀的人是尽可能把事情做对，就算不小心做错了，也会毫不掩饰地表达出来，承认自己错了，并愿意为此承担相应的责任。有的人常常做错事，有时他知道自己错了，却矢口否认，不肯说出"我错了"三个字。

面对孩子，我们应有大胆表达"我错了"的勇气。不要以为我们是大人，就一定比孩子懂得多，就一定比孩子能干。在孩子面前，有的人习惯使用"大人的特权"。孩子不会对父母说"你不听话就把你赶出去""你不要在这里逞能""你怎么什么都不会"……父母却常常对孩子说这些。有的父母还会恶狠狠地补上一句："不许哭！"当我们意识到这样相当不尊重孩子，没有把孩子当成一个独立的有思想、有主见的个体时，我们应该明确地说一句："我错了。"

再优秀的父母也不可能只做过对的事，没有做过错的事。父母错了就要承认，要对孩子起到榜样作用。如此，孩子才会更加自信、更加明事理。

错了就是错了，只有说出来并坚决改正，才会不断进步。

孩子的性教育问题

前期描述：

前一段时间，网上出现了一些与孩子有关的新闻：某个幼童被猥亵了；孩子年幼无知，被坏人用一根棒棒糖拐走了……于是，不少父母紧张起来，纷纷问我："我们应该如何对孩子进行性教育呢？"于是，我写下了如下文字：

5岁以前是对孩子进行性教育的关键期。如果家长忽视对孩子进行性教育，会使孩子缺乏相关的性知识。性教育的目的就是告诉孩子什么是性行为，如何形成健康的性心理，以及如何拒绝他人的不合理行为。家长可以将性教育绘本作为孩子性教育的入门，如《小威向前冲》《我们的身体》《小鸡鸡的故事》《乳房的故事》等，这些绘本图文并茂、故事性强，能让孩子知道自己是从哪里来的，男生和女生是有区别的，同时还告诉孩子，不能让别人随便触摸自己的身体，也不能随便触摸别人的身体等。

除此之外，父母在日常生活中也应告诉孩子一些性知识。例如，父母在给孩子洗澡时，明确告知孩子生殖器官的名字；男孩、女孩上厕所要分开；不管是男孩还是女孩，每天都要认真清洗自己的隐私部位。

另外，当孩子问到有关男女有别的问题时，比如"为什么爸爸妈妈可以睡在一起""为什么女孩子不可以打赤膊""为什么男孩子可以站着尿尿""为什么男孩子不能生孩子"等，我们不能像老一辈那样，取笑孩子不该问这些问题，然后敷衍一句"等你长大了就知道了"，而是应该先肯定这些问题的价值，然后对确实不好回答的问题，借助绘本、科普影片等向孩子展示。

总之，孩子的性教育问题不能忽视。

批评不是目的

前期描述：

我们常常因孩子犯了错而批评他们，但在批评的过程中，有的家长会不自觉地给孩子贴标签："你看，你就是不长记性，真是一个糊涂虫。"有的家长会翻"老皇历"："我已经和你说过多少次了，去年国庆节你就犯过同样的错误，前年还犯过两次，你三岁的时候我就和你说这事不能这样做，你哪一回记住了？记得那一年……"说来说去，孩子都被弄糊涂了，心想：妈妈到底在说什么事呀？还有的家长会不自觉地说起自己的不容易来："我省吃俭用地把你养这么大，你现在就是这个态度，你说我养你容易吗？我一个人要干两个人的活儿，没有人帮我，我……"说起来都不容易，但是孩子错在哪里？这样的批评见得多了，我便忍不住想写一点文字让家长看看，请他们在孩子面前少一点批评。

如此批评，只会让孩子格外难受；如此批评，只会让孩子越来越迷茫，也只会让父母永远看不到希望。

那么，如何批评孩子呢？在我看来，如果孩子做错事了，就要给予一定的批评，毕竟孩子不是温室里的花朵，经受一点批评更能提升孩子的耐挫力。关键是，批评是有方法的，否则只会费力不讨好，最终孩子没有教育好，家长也跟着受气。

通常来说，首先，要批评到点上，就事论事，不能"闲扯"；其次，点到为止，不要借题发挥，要重视孩子的反思效果；最后，无论怎样批评孩子，都要让孩子明白父母是爱他的，批评孩子要用对方法。同时，我还想强调一点，即使孩子犯了很大的错误，父母也不要打他。

其实，批评不是目的，帮助孩子改正错误才是目的。所以，父母在批评孩子时，千万不要弄错方向。

为什么孩子屡教不改？

前期描述：

一个妈妈找到我，问了我这么一个问题："为什么我的孩子屡教不改呢？"我请她用具体的事例说明一下，她便举了几个例子：和他说过很多次了，不要在公共场合大声嚷嚷，他就是记不住；多次在他面前强调，饭前、便后要洗手，可他一到吃饭的时候，就迫不及待地拿起筷子吃饭；也不知和他说过多少次，将不玩的玩具收拾好，可他总是把玩具弄得满屋子都是。说完这些例子，这位妈妈接着问："孩子身上这些不好的习惯，我们看到一次说一次，可说得越多，孩子越无法改掉，到最后，孩子爸爸还打了他。孩子被打得哇哇哭，当时信誓旦旦地说'下回再也不敢了'，可好不了几天又'原形毕露'了。这到底是怎么回事呢？"看着这个妈妈一脸无奈的样子，我请她先坐下，理了理思路，对她说：

首先，由于孩子年龄小，自我控制能力比成年人差一些，所以很多孩子知道自己的行为是不妥的，但控制不住自己，尤其是当父母一再数落或者打骂他们，他们的心理压力就更大。

第三章 不随便和孩子开玩笑

其次,可能是孩子故意反抗。孩子年龄小,说不过父母。他们讨厌父母生硬的、不分场合的说教,觉得自己没有被尊重。对此,只能采取"拒不接受""屡教不改"的方式表达自己的反抗。

最后,孩子本来有改正的想法或行动,但是就算做好了也没有得到父母的及时肯定;偶尔因为情绪低落或其他原因没有按照父母的要求做好,父母就不分青红皂白地数落他们一通,导致他们干脆"破罐子破摔了"。

找到了症结,我们就可以对症下药了。

首先,父母要理解孩子。孩子年龄小,自我控制能力较差,父母要多一些耐心,允许他们出现失误,并要求他们多次练习,尤其要结合孩子的年龄特点和喜好,在游戏中帮助孩子养成好习惯。如果孩子在公共场合大声嚷嚷,父母可以和孩子玩"说悄悄话"的游戏;如果孩子忘记洗手了,父母就对孩子说:"小手宝宝想洗澡了";如果孩子把玩具扔得满地都是,父母可以和孩子一同玩"看谁捡得快"的游戏。

其次，哪怕孩子做错了，父母也要尊重孩子，就事论事，不"翻旧账"。同时，给予孩子解释的机会，就算他们习惯找理由，也不要动怒，尤其不要给他们扣上"只会找借口"的帽子。不管他们说什么，父母都要耐心倾听，鼓励孩子大胆、清晰地说明理由。等孩子说完之后，父母再心平气和地给孩子分析，让孩子知道哪条理由合理、哪条理由不合理。父母应坚持良好习惯必须养成的主张，也就是我们常说的，父母应温和而坚定。

最后，要想孩子养成好习惯，父母必须以身作则，成为孩子学习的榜样。

总之，只要家长观念对了、方法对了，就不会有"屡教不改"的孩子。

如何定义成功与幸福的一生

前期描述：

这段时间，我的一个朋友正在看拜伦的自传，看了一半，她迫不及待地和我说："童年不幸福，以后成功的人还是很多的，你看拜伦不就是这样，谁说一定要给孩子一个轻松、快乐、自由自在的童年，这个说法不准确呀！"我当然不认可她的这种说法，就在她面前说了下面这些话：

就从乔治·戈登·拜伦说起吧。拜伦是英国十九世纪初期伟大的浪漫主义诗人，他的父亲是一个什么事都不管的花花公子，所以他从小就没有享受过父爱。不是说有父亲陪伴的童年才算完整吗？从这个角度来说，拜伦的童年确实不幸福，但这没有影响他以后成为一个伟大的诗人。如果只看拜伦的家庭背景和童年经历，或许不少父亲会特别高兴，并在心里嘀咕："你看，小孩子不用父亲陪伴也没关系吧，不会影响孩子以后成为一个伟大的人。"

拜伦母亲的脾气也不好，经常骂他。作为母亲，你可能会这么说:"你们研究学前教育的不经常说,母亲的教育影响孩子的一生,提倡赏识教育,孩子越小,越不能打骂。可是,拜伦的母亲从未实行赏识教育,拜伦还是成功了,你们说的不对呀!"

有些人是这样想的:拜伦很成功,200年后还有这么多人记得他、怀念他,愿意成为像他那样伟大的诗人。所以,就算有一个不幸的童年又有什么关系呢?可能越不幸,越有斗志,长大后成功的概率越大。除了拜伦,还有许多童年不幸,最后却十分成功的人。难道,我们的教育理念出了问题?

当然不是。问题在于我们如何定义成功的一生和幸福的一生。成功的一生不等于幸福的一生,幸福的人也不一定是成功的人。教育的目的是培养幸福的孩子,而不是培养公认的成功者。

相信孩子有能力处理好冲突

前期描述：

有位家长问我："如果我的孩子和别的孩子发生冲突了，正好我在旁边，我应该怎么做呢？"我对这位家长说："先观察，再决定。"家长问："为什么呢？"于是，我对这位家长说了下面几段话：

当孩子与别人发生冲突的时候，家长不要急着干涉，应先弄清楚发生了什么。比如，一个孩子大声地冲另一个孩子嚷嚷："你为什么抢我的玩具？"另一个孩子也大声回答："这个玩具又不是你的。"接着两人就有了一些肢体接触，不过此时还不算打架，父母仍然可以在旁观战。有的时候，看孩子"吵架"是一件很有意思的事情。除非他们打起来了，大多时候，孩子自己能解决，不需要家长干预，家长只需要在旁边做忠实的观众即可。

有的时候，"吵架"失败的一方会十分沮丧地跑过来向家长告状。他会说："妈妈（爸爸），某某欺负我了。"这时，家长只需要问："发生了什么事，你能好好和我说说吗？"接下来，家长只需要做一个听众，让孩子把整件事情描述下来，这样既能培养孩子的表达能力，又可以让孩子在讲述中平复自己的心情。当孩子把整件事情表述完之后，家长可以对他说："我能感受到你的伤心、难过，我也很想帮助你，不过，我想先问问你，你有解决这个问题的办法吗？"这样可以引导孩子，让他说出解决办法。

我们要相信孩子有能力处理好冲突，就算第一次没有成功，还可以给他第二次、第三次机会。孩子间发生冲突在所难免，家长要做的就是鼓励孩子自主解决冲突，不断提高孩子解决问题的能力，帮助孩子积累丰富的社交经验。

欲速则不达

前期描述：

孩子起床的时候，家长焦急地说："快点，快点！"看着孩子慢吞吞地穿衣服，家长就忍不住凑上前去，心急火燎地帮孩子穿。孩子吃饭的时候，家长也会说："快点，快点！"看着孩子慢吞吞地吃饭，家长又急得不得了，干脆直接端起孩子的碗，一勺又一勺地将饭喂到孩子嘴里。当某道难题摆在孩子面前时，家长先是耐着性子对孩子说："你再好好想想！"可一分钟过去了，十分钟过去了，家长就没有耐心了，直接板着脸吼道："你怎么这么笨？"

欲速则不达，这是教育孩子的一个常识。很多家长知道这个道理，可就是难以真正实施起来。有的家长望子成龙、望女成凤心切，在孩子刚刚会说话时就教孩子背古诗，在孩子刚刚会走路时就教孩子上下楼梯，在孩子刚刚会抓握东西时就教孩子弹钢琴，在孩子刚刚会数"1、2、3"时就教孩子加减运算……和揠苗助长体现的道理一样，事物自有其发展规律，要尊重孩子的成长规律，否则会适得其反。

人生是一场马拉松——马拉松不需要抢跑，因为不会输在起跑线上。所以，请允许孩子慢慢成长。记得曾经读过一个绘本，名字是《牵着蜗牛去散步》，说的是"我"原来希望蜗牛爬得快些，可是蜗牛尽力了还是爬不快，"我"只好被迫跟着蜗牛慢慢走，结果闻到花香、听到鸟鸣、看到满天星斗。所以，在教育孩子的过程中，我们要努力做一个"牵着蜗牛去散步"的人！如果我们眼前正好有一个看上去笨笨的孩子，那一定是上天送给我们的可爱、有趣的"蜗牛"，我们不应该急躁、生气、埋怨，反而要感谢我们的"蜗牛"，没有"蜗牛"的引领，我们永远看不到一个更加美好的世界！

不要给孩子买太多玩具

前期描述：

我到一个朋友家做客，看到朋友家从客厅到书房再到孩子的卧室，堆满了各类玩具，目测有 200 多件。"玩具这么多，孩子玩得过来吗？"我问朋友。朋友连连摇头，说："也就刚买回来的时候新鲜一阵子，之后孩子就完全不碰了，然后吵着要买新玩具。"停顿了一下，她又悄悄地对我说："都是孩子他奶奶惯的，我也没办法。"

有的家长心疼孩子，只要孩子看上的玩具，就不惜重金买回家，说起来就是"不能亏待孩子"。可是，对孩子来说，玩具太多不一定是好事。如同一个人吃饭，吃得太少会饿肚子，可吃得太多会消化不良，对身体并没有好处。

如果孩子的玩具太多，他就会把大部分时间用在选择玩具上。另外，物以稀为贵，如果孩子只有几种玩具，他就会非常珍惜，玩的时候也会格外小心，生怕弄坏了；可一旦玩具过多，孩子就不懂得珍惜，久而久之，就会养成做事随意、铺张浪费的习惯。还有一点，如果孩子的玩具太多，他就不想在玩玩具的时候进行探索了，想着反正玩具多，这个不好玩了就换下一个。相反，如果玩具数量不多，孩子可能用这几件玩具玩出不同的花样。

所以，不能给孩子买太多玩具。同时，家长在选择玩具的时候也要注意：

（1）根据孩子的年龄特点选择适合的玩具。不同年龄的孩子，需要的玩具是不同的。比如，两岁左右的孩子可以玩色彩鲜艳、功能相对单一、形状简洁且大一些的玩具；三岁左右的孩子可以玩拼图和迷宫之类的玩具，因为这个年龄段的孩子开始理解逻辑和空间关系了；五六岁的孩子可以玩功能多样、形状复杂且小一点的玩具，因为这个年龄段的孩子已经可以进行一些复杂的拼装了。

（2）多选择可再加工创造的玩具。一些看似简单的玩具其实是可再加工创造的玩具，比如，七巧板看似简单，但可以激发孩子的无限创意。

（3）尽量选择一些可以促进孩子全面发展的玩具。比如，男孩也可以玩布娃娃，女孩也可以玩枪、车之类的玩具。

遭遇校园霸凌怎么办？

前期描述：

一天，一位妈妈在小区里碰到了我，她的孩子刚从我们幼儿园毕业进入小学一年级。和我聊起孩子在小学里的事情的时候，这位妈妈满脸愁容，她说："孩子进入小学的前几天还挺开心，后来就不愿意去学校了。"

我很吃惊，连忙问："怎么回事呀？"

孩子的妈妈告诉我，孩子进入小学后各方面表现很好，除了上课认真听讲、课后认真做作业，唱歌、弹钢琴等才艺也没落下，老师们都很喜欢他。可能是他表现太突出了，班上两三个个子高、有些蛮横不讲理的男同学有点嫉妒他，常常趁老师不在的时候欺负他。比如，偷走他的橡皮擦，在他的书桌里放蟑螂，故意把他的作业本弄湿，鼓动班上其他同学不和他做朋友等。我一听，觉得这个问题有些严重，连忙问："老师不知道吗？"这个妈妈唉声叹气道："我和老师说过，老师也狠狠地批评过这几个孩子几次，可越批评，这几个孩子就会想出越多的招数对付我家孩子，导致我家孩子现在都不敢和我说这些了，只说不愿意去学校。"

这可怎么了得，小小年纪就被"坏孩子"欺负得不敢说话了，这么下去不就害了这个孩子吗？我觉得有必要和这位妈妈好好聊聊，并想了一些办法，看看能否帮到这个孩子。

第一，家长千万不要因此责骂、耻笑孩子，说他是个胆小鬼，但也不可在孩子面前过于大包大揽，比如和孩子说："别怕，我来帮你搞定他们。"

第二，家长可以每天亲自接孩子上下学，让这些"坏孩子"看到受欺负的孩子的父母非常爱他，他与父母之间的关系相当和谐融洽，更重要的是，让孩子感受到父母给予的安全感，如此才能保证孩子与父母无话不谈。

第三，鼓励孩子进行体育锻炼。如果条件允许，家长可以给孩子报一个培训班，如跆拳道、空手道之类，这样孩子可以接受更为专业的体能训练。

第四，鼓励孩子主动找"坏孩子"谈一谈，让孩子知道这是自己的事情，不能完全依靠大人。

第五，鼓励孩子结交新朋友。虽然这几个"坏孩子"不让同学和他玩，但班级里总有一些有主见且有正义感的孩子，家长要引导孩子学会观察自己身边的人，主动团结可以团结的人。一个人是孤单的，一群人就不会孤单，家长应鼓励孩子勇敢迈出第一步，积极结交新朋友。

说完这几点，我想了想，又补充了一点：在平时的生活中，家长要让孩子明白"一花独放不是春，百花齐放春满园"的道理。说到这里我就没再往下说了，我相信孩子的妈妈也听懂了。期待这个原本就优秀的孩子通过父母的正确引导，能够正确应对校园霸凌。

培养孩子的规则意识

前期描述：

经常有家长抱怨，自己的孩子不懂规矩，很多事情前一秒钟说好了，后一秒钟就忘得一干二净，轻则我行我素，重则乱发脾气。若在人多的地方，任由孩子胡乱作为，旁人还会窃窃私语，弄得家长十分难堪。

对孩子来说，有规则意识，才能很好地融入集体，否则会被团队成员嫌弃、被社会淘汰。

那么，家长如何培养孩子的规则意识呢？

首先，在我看来，孩子两岁的时候，家长就应该有意识地培养孩子的规则意识了。两岁的孩子自我意识已经萌芽，有了自己的想法，这个时候家长可以和孩子讲一些与生活相关的规则了。比如，吃饭的时候要坐在饭桌旁，不能随便乱跑；进家门后要换鞋；睡觉之前要刷牙等。需要注意的是，规则必须建立在孩子充分理解的基础上，要让孩子先懂得为什么这样做，这样做的好处有哪些，与生活有怎样的密切联系等。

其次，要想培养孩子的规则意识，父母就要以身作则。父母是孩子的第一任老师，是孩子学习的榜样，只有父母这个榜样做好了，孩子才会受到积极的影响。

再次，规则不是大人单方面制定的，不应强加给孩子，而要和孩子商量，共同制定规则，并且把规则写下来，贴在家里比较显眼的地方，让孩子能经常看见。建议用不同颜色的笔书写规则，这样更能吸引孩子的注意力。同时，不能为了大人方便而设立限制孩子活动的规则。需要注意的是，父母在和孩子相处的时候，不要事事干涉、处处控制，让孩子无所适从，否则，会对孩子规则意识的形成起到负面作用。

最后，在游戏中培养孩子的规则意识。游戏是孩子较为喜欢的一种活动形式，家长应抓住孩子的兴趣点，组织各类游戏，让孩子在游戏中认识周围事物、认识社会，从而自然而然地接受相应规则。

孩子爱攀比怎么办？

前期描述：

有家长问我："孩子爱攀比怎么办？"在我的教育经历中，幼儿园孩子的攀比之心不是特别明显，进入小学或中学后，孩子的攀比之心会明显一些。正因为不明显，所以在平时的幼儿园教育中，我们忽略了这方面的引导。殊不知，现在孩子的心理成熟期越来越提前，加之外界环境较为复杂，自然就影响到幼儿园孩子，稍微争强好胜一些的孩子会出现比较明显的攀比行为，比如，他们会比谁家的房子大，谁爸爸开的车更好，谁的玩具更贵，谁出去旅游的次数更多等。

攀比心太重不是一件好事。攀比心重的人会变得越来越不知足，看到别人有新东西，自己也想要，若是有强烈的欲望又得不到满足，可能会出现扭曲心理。

那么，大人如何帮助孩子克服攀比心理呢？在我看来，大人可以这样做：

(1)父母和老师要注意，不要在孩子面前随意比较，比如，不要说"某某小朋友比你聪明""隔壁王阿姨家的沙发比我们家的贵多了"……一些看似无心的比较，孩子听多了可能会受到影响。

(2)若发现孩子有攀比的心理和行为，父母和老师不可表现得过于重视。一些教育方面的失败往往表现为用力过猛。比如，孩子有随意吐痰的坏习惯，若家长时时刻刻在他耳边唠叨，孩子反而会不自觉地强化这个坏习惯。孩子有一点攀比之心是正常的，只要不过分攀比，父母和老师就不要太过在意。常言道："好的教育都是润物细无声的"，我很赞成这一点。

(3)鼓励孩子多参加户外活动。一个热爱大自然，身体结实、健壮的孩子，心胸往往比那些长期居家、不热爱体育运动的孩子更开阔一些。大自然很奇妙。你看，不同的树木、不同的花草、不同的小动物，都有其可爱之处。不能说银杏树比桂花树高，银杏树就更高级；也不能说牡丹花比百合花花瓣更多，牡丹花就更美丽。万事万物只要存在，就有理由；只要存在，就有可爱之处。守好自己的那份可爱比羡慕别人的美丽更好。这些道理不是家长说出来孩子就能理解的，家长需要做的是让孩子多接触大自然，在大自然中寻找答案。

（4）指导孩子阅读一些好的绘本，如《拉斐尔时装店》《不要总是比来比去》《不跟别人攀比》《最美的家》等，帮助孩子克服攀比心理。

总之，有攀比心不是坏事，但不可让孩子攀比心过重，父母和老师要及时采取措施对孩子爱攀比的行为加以引导。

学会给孩子留面子

前期描述：

一次，我在商场购物，看到一个妈妈正在大声呵斥一个五岁左右的孩子，孩子十分委屈，哭得很厉害。过了一会儿，孩子突然跑了，边跑边哭着说："我不想和你回去，我不想和你回去！"这个妈妈见状，慌忙追上孩子，一巴掌打在孩子脸上，周围立刻围了很多人，这个妈妈随即补上一句："你还好意思哭，我让你在这么多人面前出丑！"看到这一幕，我心里十分难受，等妈妈和孩子的"战争"平息后，我主动与这个妈妈进行了沟通：

成人总把自己的面子看得很重，却很少顾及孩子的面子，认为孩子还小，对自尊心没有概念，当众数落和训斥孩子几句不碍事，殊不知，两岁左右的孩子已经有了被尊重的需求。而且，随着年龄的增长，孩子对被他人认可的期待也越来越强烈。如果家长在人多的时候批评孩子，就会让孩子觉得难堪。有的孩子为了维护自己的面子，会反抗父母，甚至做出更激烈的行为。还有的家长聊天时喜欢聊自家孩子，且习惯性地在朋友面前揭自家孩子的短。家长觉得和朋友说说没关系，但有些孩子不愿意把自己的缺点暴露在外人面前。

《少年说》中有这样一个女孩，她觉得自己很不幸，因为她有一个只会"坑"自己的妈妈。在女儿眼里，妈妈会在外人面前揭她的短，甚至有些事情明明是自己的隐私。当一个孩子的自尊心受到攻击的时候，无论是当时，还是以后，他的内心都会留下一个疙瘩，甚至成为一个永不愈合的伤口。

学会给孩子留面子是每个父母的必修课。著名教育家苏霍姆林斯基曾说过："儿童的尊严是人类心灵里最敏感的角落，保护儿童的自尊心就是保护儿童的潜在力量。"当父母给足孩子面子后，孩子就会懂得尊重的力量，并建立自信，健康成长。

第四章
让我成为我可以成为的人

请不要把我当成你的期望/我做不到你期望的那样好/请不要为了我放弃所有/我承担不起你那无私的爱/就让我做一个普普通通的人/让我做我可以做的事/让我成为我可以成为的人。

让我成为我可以成为的人

请不要把我的一天排得满满当当，

你要知道，

我还要玩耍，

还要发呆，

还要和自己说说话。

尤其是你几乎不和我商量，

你相信自己比相信你的孩子多得多。

你总说"你还小"，

你还会说"我都是为你好"，

但你很少问我"这样行不行"。

我说不行，

你却说行，

你会说"别的孩子能行你怎么不行"。

我说行，

你却说不行，

你会说"你还小怎么能行"。

请不要把我当成你的期望，
我做不到你期望的那样好。
请不要为了我放弃所有，
我承担不起你那无私的爱。
就让我做一个普普通通的人，
让我做我可以做的事，
让我成为我可以成为的人。

没关系，你可以慢慢来

没关系，你可以慢慢来。
你可以慢慢地把一件衣服穿好，
但要切记，穿好；
你可以慢慢地把一碗饭吃完，
但要切记，吃完；
你可以慢慢地把一首曲子弹好，
但要切记，弹好；
你可以慢慢地把一张桌子擦干净，
但要切记，擦干净；
你可以慢慢地把一堆玩具收拾好，
但要切记，收拾好。

没关系，你可以慢慢来。
但务必做到有始有终，
务必把决定去做的事情做好。
你可以不拿第一，

你可以不畏权威,

你可以不惧嘲笑。

就如上了赛场的运动员,

既然上了赛场,

爬也要爬到终点,

哪怕很慢很慢。

没关系,你可以慢慢来。

人生就是一场马拉松,

既然选择了在这条道路上奔跑,

就要一步一个脚印,

慢一点就慢一点,

但不要踏空,

不要停止,

只要你始终不曾放弃。

没关系,你可以慢慢来。

慢!

慢!

来!

只要孩子们愿意

只要孩子们愿意去做，

我们就任由他们去做，

只要他们不伤害自己和他人，

我们需要做的就是等待、等待再等待。

只要孩子们愿意去说，

我们就任由他们去说，

只要他们不伤害自己和他人，

我们需要做的就是聆听、聆听再聆听。

只要孩子们愿意去想，

我们就任由他们去想，

只要他们不伤害自己和他人，

我们需要做的就是鼓励、鼓励再鼓励。

只要孩子们愿意去看，

我们就任由他们去看，

只要他们不伤害自己和他人，

我们需要做的就是陪伴、陪伴再陪伴。

只要我们愿意去相信，

孩子们就有足够多的能量，

去做，

去说，

去想，

去看，

去创造属于他们的辉煌世界。

每一个孩子都是一粒饱满的种子

原本，
每一个孩子都是一粒饱满的种子，
都有其内在的秩序。
我们，
无须去界定，
无须去打扰，
无须给他一个期限，
规定他务必在什么时候发芽，
什么时候开花，
结出什么样的果实。

原本，
每一个孩子都可以结出属于自己的果实。
有的果子艳丽，
有的果子甜蜜，
有的果子新奇，

有的果子圆润,

也有的果子会小一点,

会粗糙一点,

会酸苦一点,

但都是最自然、最新鲜的。

若我们愿意花点时间去品鉴,

就会知道,

原来,

每一颗果子都有自己独特的味道。

所以,

我们需要做的就是,

一天天,

一年年,

该施肥施肥,

该浇水浇水,

然后静静地欣赏,

慢慢地等待,

等待总有结果的那一天。

请允许你的孩子不出类拔萃

请允许你的孩子不出类拔萃,
他可以不上清华、不读北大,
他可以不考第一、不得大奖,
他可以不鹤立鸡群、不独占鳌头,
他可以喊痛、说累,
他可以勇敢放弃、置之不理。
他活着不是为了光宗耀祖,
不是为了名扬天下。

他,
只是他自己,
只是一个鲜活灵动的个体。
他有自己的个性和思想,
他有自己的爱好和追求,
他有自己的发展轨道。
只要他对社会无害、对自己有交代,

就让他做自己的主人,
就让他过自己想要的生活。

请允许你的孩子不出类拔萃,
允许他偶尔犯错,
允许他偶尔突发奇想,
允许他偶尔顶撞你几句,
允许他偶尔分心走神。
就如一年有四季,
春天百花盛开,
夏天绿树成荫,
秋天落英缤纷,
冬天白雪皑皑,
就是这样四季分明,
生活才过得饶有趣味。

他,
活着,
有说有笑,

就是上天对你最大的恩赐。

你要做的就是心怀感恩，

感谢上天送给你一个独一无二的精灵。

请允许你的孩子不出类拔萃，

任何时代，

杰出人才都是寥若晨星，

何不，

允许他平凡，

允许他做个普通但幸福的人。

回到童年

回到童年,
回到妈妈的怀抱,
让妈妈的手轻轻地拍着我的肚,
听妈妈讲很久以前的故事,
然后哼着好听的歌,
带着浅浅的笑入睡。

回到童年,
回到用木头建造的房子里,
让山里的风从雕刻着花纹的窗口飘进,
吹着火坑里的柴火,
冒出缕缕烟雾,
熏着还没有吃完的腊肉。

回到童年,
回到满是泥泞的小路上,

看烂漫的山花在路旁绽放，
引来无数蜜蜂，
采下香甜的蜜，
带去很远的地方。

回到童年，
回到有一屋子棒棒糖的梦想里，
回到翘着屁股躲猫猫的游戏里，
回到背着背篓去赶集的热闹里，
回到抢着上台却忘了台词的懵懂里，
回到打了酱油却算不清账的尴尬里，
回到搬起小板凳去看露天电影的兴奋里。

回到童年，
回到生命开始的地方，
才知道，
此刻，
为什么要出发，
要向哪里出发。

接受孩子本来的样子

接受孩子本来的样子,

孩子本来就是孩子。

他若满身泥点,

请别责备他,

他本就是个贪玩的孩子。

他若不乐意听从你的命令,

请别对他发脾气,

他本就是个有主见的孩子。

他若突发奇想要和星星睡觉,

请别嘲笑他,

他本就是个爱幻想的孩子。

接受孩子本来的样子,

这个孩子不同于那个孩子,

每个孩子都是独一无二的。

有的会唱歌,

有的会画画,

有的会游泳,

有的会打靶,

有的看上去什么都不会。

请别嫌弃这样的孩子,

每一个孩子都是一颗花籽,

只是,

他们的花期各不相同,

这就是孩子本来的样子。

接受孩子本来的样子,

别把他当成一个大人,

也别把他当成别的孩子,

孩子就是孩子的样子。

来这里吧

这里，有孩子们的嬉笑声；

这里，有家长们的称赞声；

这里，有老师们的领诵声；

声声入耳，和谐动听。

这里，绿树成荫；

这里，鲜花烂漫；

这里，硕果累累；

这里，与大自然紧紧相依。

这里，是孩子们游戏的乐园；

这里，是孩子们表现的舞台；

这里，是孩子们学习的殿堂；

这里，是孩子们成长的摇篮。

这里，每一个孩子都在自由生长；

这里，每一个孩子都是自己的主人；
这里，每一个孩子都有出彩的机会；
这里，每一个生命都会被关爱。

这里，没有歧视和强迫，只有尊重和理解。
这里，没有怀疑和责骂，只有信任和鼓励。
这里，没有讥笑和挖苦，只有称赞和嘉奖。
教育的故事在这里发生，
教育的美好在这里呈现。

这里，
用温暖播种温暖，
用激情唱响激情，
用梦想牵手梦想，
用快乐孕育快乐。

这里是一方用智慧点亮生命的净土，
这里是一片用爱滋养灵魂的晴空，
老师是爱的天使，

孩子是可爱的精灵。

那就，
来这里吧！
来这里吧！
让每一个生命都有属于自己的鲜活。

让我虚度一会儿时光

让我虚度一会儿时光,
放下手中的笔,
闭上一直说话的嘴巴,
甚至可以闭上眼睛,
就当什么也看不见。
此刻,
只有音乐伴我,
伴我虚度一会儿时光。

让我虚度一会儿时光,
放下思考,
无论是快乐还是悲伤都与我无关,
我什么都不想,
就当什么都不曾发生过。
此刻,
只有窗外的七里香伴我,

伴我虚度一会儿时光。
让我虚度一会儿时光,
放下紧张的学习,
忘掉永远做不完的工作,
甚至可以不吃不喝,
就当这个世界不曾有人走过。
此刻,
只有一杯香茗伴我,
伴我虚度一会儿时光。

请不要强迫我做任何事,
请不要嘲笑我一事无成,
我只是虚度一会儿时光,
我不是故意荒废生命,
我只是在虚度中给生命做一次调和。

微笑

小花微笑,

小草微笑,

小雨微笑,

小河微笑。

你看,

世界处处都有微笑,

你也要微笑。

桌子微笑,

椅子微笑,

茶杯微笑,

墙壁微笑。

你看,

世界上本不微笑的物件也在微笑,

你也要微笑。

孩子微笑，

父母微笑，

姊妹微笑，

朋友微笑。

你看，

世界上每个人都会微笑，

你也要微笑。

微笑是仁爱的象征，

微笑是快乐的源泉，

微笑是一首动听的歌，

微笑是一幅优美的画，

微笑是一道温暖的光，

微笑是我送给你的礼物，

请你一定收下！

你若微笑，

阳光就会艳丽，

清风就会和煦，

空气就会清新，
心胸就会开阔，
世界就会美好。

微笑是尊重，
微笑是自信，
微笑是友善，
微笑是鼓舞，
微笑是力量，
请你一定要微笑！

生命

生命，
从生到死，
只有一次，
对任何人来说，
都是公平的。
只是公平中又有些许不公平，
你若看到了公平，
心便平静。
你若只看到不公平，
便注定一辈子自怨自艾。

生命，
是带着心一起旅行的过程，
大家都不走回头路，
过去了，
就过去了，
无论如何挽留，

过去都不会回来。
你若习惯活在过去，
生命就不会有未来，
你若珍惜现在，
未来才会更精彩。

生命，
与物质同在，
亦与精神同在。
没有物质的生命不是真生命，
没有精神的生命更不值得一提。
抛开物质谈生命，
就如一个没有躯壳的灵魂。
若不将精神的力量注入生命，
生命便成了一具没有灵魂的躯壳。

生命，
只奉献给那些热爱她的人，
你若热爱，
她便灿烂。

把每个孩子都放在心上

把每个孩子都放在心上,
说起来容易,
做起来难。
但不管难度多大,
都应把孩子放在心上。

把每个孩子都放在心上,
就是要看到每个孩子的变化,
哪怕只有一丁点进步,
也要给予他们微笑和赞许。
若他们犯了错,
也请记得顾及他们的自尊。

把每个孩子都放在心上,
就一定会在说到每个孩子时都面带微笑,
也一定可以自然地说起发生在每个孩子身上的一个个有趣

的故事，
　　当然，
　　他们偶尔表现出来的不开心，
　　也一定逃不过我们的眼睛。

　　把每个孩子都放在心上，
　　就一定不会在公开课时只提问爱表现的孩子，
　　也一定不会为了"节目质量"，
　　剥夺手脚不够协调的孩子上台展示的机会。

　　把每个孩子都放在心上，
　　如同一个母亲有许多孩子一样，
　　手心手背都是肉，
　　任何一个孩子都被母亲放在了心尖上。

　　我们，
　　作为孩子的老师，
　　只要是来到我们身边的孩子，
　　不管是否健康，
　　不管是否漂亮，

不管是否懂事,

都是上天赐予我们的宝贵礼物,

我们时刻都要告诫自己——把每个孩子都放在心上!

第五章
绘本推荐

　　好的绘本，不仅画面精美、构图别致，能吸引孩子的注意力，而且每张图都有丰富的内涵，图与图之间呈现出独特的叙事关系，将其中的思想情感毫无保留地传达给孩子，能在无形中激起孩子的阅读兴趣。

如何带着孩子一起阅读

朋友问："你每次给我的孩子寄那么多绘本，我应如何带着孩子一起阅读呢？"我是这么和她说的：

第一，告诉孩子这是一份珍贵的礼物，应在一个温馨的地方阅读，并在阅读之前把手洗干净。注意：不要将书随意往孩子房间一丢，对他说："新书又来了。"

第二，和孩子一起玩"猜猜它是谁"的游戏：拿出绘本，展示其封面，让孩子看着封面猜想绘本里可能有谁，会发生怎样的故事。

第三，让孩子决定阅读绘本的顺序，但要给孩子提一些基本的阅读要求，比如，看完一本后再看第二本，翻书的时候一页接着一页，阅读的时候按照从左往右、从上往下的顺序等。

第四，和孩子一起阅读绘本时，父母不要只自己说，要提一些引导性的问题,听孩子说。比如,你觉得接下来会发生什么?你是从哪里看出来的?如果是你,你会怎么做?

第五,阅读完一本绘本后,最好带着孩子回顾一下,请孩子讲一段,父母补充一段。当然,如果孩子不乐意也没有关系,接着看第二本即可。

第六,阅读结束后,引导孩子将绘本整齐有序地摆放在书架上。注意:绘本摆放工作一定要让孩子自己做。

第七,当再次阅读同一本绘本时,可以在旁边放一本由空白纸装订而成的"书"。如果孩子愿意,父母可以引导孩子结合之前看过的内容自己创作一本"书",以此作为该绘本的"续集"。

第八,鼓励孩子将一些自己看过的绘本捐赠给偏远山区的孩子,并为这些绘本画一幅推荐图,让偏远山区的孩子在未阅读绘本之前就能大致了解绘本的内容。

小房子

每一个孩子心中都有一座只属于自己的小房子。我深信是这样的，因为我小时候就这么想过，我的伙伴们告诉我，他们也这么想过。儿时的我认为，属于我的小房子应该是红色的，有像蘑菇一样的圆形屋顶，屋子里有很多小凳子，那是为我的伙伴们准备的，还有一张公主床，床上铺着粉色的被子，被子上躺着一个穿着粉色裙子的洋娃娃……伙伴们也说过属于他们的小房子的样子，有的说是三角形的，有绿色的屋顶；有的说是椭圆形的，远远看上去就像个躺在绿草地上的大鸡蛋……

小房子，多么美好的童年回忆！

如今，我手上捧着的一本绘本，名字就叫《小房子》，作者是维吉尼亚·李·伯顿。还没有翻开，我的脑海里就浮现出自己儿时对小房子的想象。然后，慢慢品读《小房子》的每一页……伯顿笔下的小房子有红色的烟囱、粉色的墙和鱼鳞般的屋顶。小房子周围有碧绿的草地和茂盛的树木，还有一望无际的田野。我最喜欢看描述小房子一年四季样子的那几页。我最不愿意看描述无数幢高楼把小房子淹没在一个小小角落里的那几页，读到那我的心情也一下子变得低落起来。当小房子的上面出现了一列高架列车时，刚开始我还觉得有趣，但再仔细一看，看到那高架铁路下的小房子，突然觉得它就如一个受了压迫的小姑娘，在那里低着头默默流泪。虽然，城市里高楼林立、车水马龙、喧嚣热闹，但那不是小房子热爱的土地。幸好，小房子的主人最终将它又搬回四处散发着浓郁泥土芬芳的乡村。

《小房子》不只是一本供孩子阅读的绘本，它看似用稚嫩有趣的画笔讲述了一个有关城市与乡村的故事，实则是在讲述人与自然和谐共生的事。大自然是美丽的，茂密的树林、潺潺的流水、清新的空气都是大自然赐予我们的宝贵礼物。可是，随着城市化进程的加快，人类与大自然渐行渐远，曾经茂密的树林被高楼大厦取代，清新的空气被汽车尾气污染，崇山峻岭被一座座工厂占据。如此，生活再便捷、娱乐设施再丰富，又有何意？

对未来世界的设计者来说，不需要任何说教和口号，他们在《小房子》里读到了还未来一个更加自然清新的世界的期待。这，就是优秀绘本的力量！

一片叶子落下来

这是一本关于生命的书，书中有一片叫作弗雷迪的叶子。你看，一片叶子都有自己的名字，而且这个名字一听，就是孩子们喜欢的。"弗雷迪的左边是阿弗烈，右边的叶子是班，他的头顶上是那个可爱的女孩子克莱尔。"你看，这样的语言多么亲切，就像这些可爱的叶子正在同一所幼儿园开心地上着学。可是，弗雷迪再怎么想做一片树叶，他终究会在秋天的某一个日子离开大树的身体，躺在带着芳香的泥土里再也不会醒来。就如一个人，再怎么努力地活着，终有一日，也会走向生命的尽头。如此，我们为什么还要活着？

"让别人感到舒服，这是个存在的理由。为老人遮阴，让他们不必躲在炎热的屋子里，也是个存在的理由。让小孩子有块凉爽的地方可以玩耍，用我们的叶子为树下野餐的人扇风，这些，都是存在的目的啊！"这是那片长得最硕大的叶子丹尼尔告诉他的，就如一个懵懂的孩童问一位学问渊博的老者："我们活着的意义是什么？"老者会告诉他："我们帮助那些需要帮助的人，给那些生活痛苦的人带来希望，我们自己也可以成为更快乐的人，然后影响我们生活着的这个世界，让这个世界变得更加和谐……"

万物都会死，但死亡并不代表毁灭，而是另一种形式的新生。冬天过后还会有春天，春天到来的时候，又会有很多有名字或没有名字的树叶茁壮生长，他们又会像曾经的弗雷迪及他的朋友们一样，"在春风吹拂时跳跳舞，在夏天懒洋洋地晒晒太阳，偶然来一阵清凉的雨就洗个干干净净的澡"。

这真是一本富有生命气息的绘本，别看它只有简单的图画和文字，但它寓意丰富，让人回味无穷、感触很多……带着孩子阅读这样的绘本，大人和孩子都会对生命有新的认识。

它的名字就叫《一片叶子落下来》。

值得了解的中国瓷器

一天，在一个班级的阅读角里，我看到一个小姑娘正在看《阿兔的小瓷碗》。等她看完后，我好奇地翻了一遍，就这一遍，我就喜欢上了这个故事。

我原以为瓷器离孩子们的生活比较远，尤其是其制作过程，孩子们更是一无所知。但是，一无所知不等于不可知，因此瓷器的制作过程应以孩子们乐于接受的方式展现出来，激发孩子们制作瓷器的兴趣。比如，在瓷器制作过程中，从拉坯、刻花到上釉，前前后后有72道复杂的工序，想想就是一件很难讲清楚的事情。但是，在这本绘本中，我们只需跟随阿兔的脚步，就能清楚了解制瓷的72道工序。

在阅读绘本的过程中，不仅是孩子们，就连我也开始对原来不怎么熟悉的瓷器的制作过程产生了兴趣。这种兴趣太奇妙了，原来我们口口声声说的培养孩子的爱国之心，其实很多时候只需要找到一本对的书、一个对的游戏就可以做到。

《阿兔的小瓷碗》这本绘本真是太有教育意义了！曾经，我觉得中国绘本质量不高，和国外的一些优质绘本相比，无论是在故事情节上，还是在构图和艺术表现力上，都有很大差距。如今，越来越多具有中国特色的绘本出现，展现出中国自信。《阿兔的小瓷碗》不仅描述了瓷器的制作过程、锔瓷这门手艺的奇妙之处，还表达了对"大国工匠"的景仰和对新生一代成为更具中国自信、中国担当的"大国工匠"的期待。

　　在这个绘本里，除了展现出一个母亲对孩子不小心犯错后给予的宽容和理解，感受到一个孩子对母亲深深的爱，我还体会到国家当下积极推进"双减"政策的缘由——不是每一个孩子都要成为科学家，他也可以做一名优秀的中国传统技艺传承者——那是一个值得让每一个中国人都景仰的职业。

　　这虽然只是一本简单的儿童绘本，重要的是不同的人对此会有不同的见解，每一个不同的见解不一定是正确的，但又有什么关系呢？只要你认真思考了。

做回自己原来的样子

《猪先生去野餐》这本绘本很有意思，整个画面色调和谐统一，猪先生的形象诙谐有趣，狐狸、狮子、斑马和猪小姐这些动物形象也刻画得富有生命力，故事简短、搞笑，但又蕴含人生哲理，值得我们细细体会。

故事是这样的：猪先生想约猪小姐去野餐，一路上，好心的伙伴们给了猪先生一些听上去还不错的建议。狐狸觉得自己的尾巴很美丽，慷慨地借给了猪先生；狮子觉得自己的头发很威猛，大方地借给了猪先生；斑马觉得自己身上的条纹很帅气，也十分豪爽地让猪先生披在身上。于是，猪先生成了一个"自己最满意"的猪。可是，猪小姐却被吓坏了，以为来了一个怪物。最后，猪先生将身上那些借来的东西都还了回去，回到自己原来的样子，反而获得了猪小姐的喜爱。

这个故事不仅仅是读给孩子们听的，我们大人也能从这个故事中找到自己的影子。有的时候，我们可能就是那个猪先生，对自己的容貌、出身、学识、地位等不满意，然后就东拼西凑一些看上去光彩夺目的东西，反而让人觉得很假；有的时候，我们可能就是那个狐狸、狮子或者斑马，想帮助他人却不得要领，总以为自己喜欢的别人也喜欢，最终既苦了自己也害了他人；有的时候，我们可能就是那个猪小姐，说着别人家的笑话但不知道讲的就是自己的故事。

或许在儿童眼里，这本绘本蕴含的道理就是做真实的自己，也可能蕴含其他道理，慢慢品读吧，读透了，活得也就更通透了。

每一次赠予都是一次
自然流露的美好

这是一本无字绘本，虽说是给孩子读的，但成人也可以用心一读。封面上，一位爸爸领着他的女儿行走在一条街道上。扉页上点缀着一排小花。故事一开始，爸爸领着孩子从一排建筑物前经过，他买了一些东西，一边打电话一边匆匆赶路。而小女孩则在一旁四处张望，在一个角落里发现了盛开的路边花，她先采了一朵，幸福地闻着，随后又采了很多朵。随着故事的发展，小女孩将"路边花"赠予了身边的人或动物，"路边花"就像一个颜色渲染器，接触过它的人或动物都变得色彩鲜艳。无论是死亡的小鸟，还是在公园里睡觉的流浪汉；无论是她认识的一条小狗，还是她心中最亲爱的妈妈；无论是两个可爱调皮的弟弟，还是她自己，每一次赠予都是一次自然流露的美好，从内到外散发着浓浓的爱意。

全书大部分画面以黑色墨水勾画轮廓、染出阴影，初看感觉比较压抑和沉闷，在小女孩闻花香时，水果店里的水果和路边的出租车成了彩色，随着小女孩发现的花朵增多，关爱的人或物增多，画面中的彩色也逐渐增多，最后全部变成彩色画面。作者巧妙地运用颜色对比诠释了一个纯真、快乐、美好、有爱的世界。只要我们每个人都有一双善于发现美的眼睛，就会发现这个世界是绚烂多姿的。

读一读这本《路边花》吧，让大人和孩子一同感受生命中的美好！

世界再大，也有属于每个人的温暖

这是一个帮助孩子乃至大人收获勇气与安全感的故事。"小小的你在大大的城市里，我知道那种感觉。"打开绘本，开头一句话就让我的心"砰"了一下。好似，这句话是说给我听的，虽然我已经不是小孩了，但我的脑海里浮现出的是小时候第一次走进大城市的感觉，欣喜中带有恐惧，期待中带有不安，骄傲中带有自卑，那种感觉十分复杂，无法用言语准确表达。如今我已长大，在大城市生活了几十年。然而，无论我年龄多大，在大城市面前，都是渺小的。尤其是当我独自走在车水马龙之中、穿梭于高楼大厦之间时，我觉得自己似一粒看不见的尘埃。书中那个小小的身影，实际上正是现实中许多人的真实写照，无论是大人还是孩子，相对于大大的城市来说，都不过是一个小小的身影。所以，这本绘本不只是给孩子看的。

这是一本画风优美、文笔生动的书。低调的色彩配以温暖的故事，总能打动读它的人。这本书以第一人称的口吻对第二人称

"你"提出了一些友好的建议，使图文有着很强的感染力。画面不断推进、拉远，读者从多维度走进这个故事：小男孩独自一人乘坐公交车，然后下车，走进冬日的城市里；天空开始飘雪，他走过小巷，走过有三条大狗的院子，走过一棵树、一处烘干排气口以及一家鱼店，同时还走过一块适合休息的空地、一处传来音乐的房子……他走进大雪里，又从大雪里出来，终于找到了走失的小猫，终于回到了家。最后一句"我相信你，你一定会没事的"简直让人泪奔。原来，生活在一座偌大的城市里，看似孤单无助，看似迷茫寂寞，但还是有人牵挂着你，有人爱护着你，有人给你勇气……这个世界就算再大，也有属于每个人的温暖！

这是一本关乎"艺术"、关乎"现实"、关乎"永恒"的书，有着深刻的人文关怀，值得每一个年龄段的人读一读。它就是西德尼·史密斯的《大大的城市，小小的你》。

体会亲手种菜的美好

在小区的长廊里，我看到一个孩子正捧着一本书看得津津有味，走过去一瞧，原来他读的是一本叫《第一次种圆白菜》的绘本。我不是第一次看到这本绘本，每次看到，都是这般情景：孩子捧着它看得入迷。可见，这本绘本特别受孩子喜欢。

这本绘本画风清新自然、色彩搭配明快和谐，借助绘本中的一幅幅图片，孩子可以认识马齿苋、车前草、荠菜、白花鬼针草等植物，以及瓢虫、青菜虫、蚯蚓、蜘蛛、螳螂等动物，学习到植物和动物共生的知识。

《第一次种圆白菜》不仅是一本观赏类绘本，还是一本教给孩子种菜方法的工具书。孩子可以参考绘本中介绍的种植圆白菜的步骤，试着自己种圆白菜。此外，孩子还可以从书中感受到生命的力量，感受到生态系统有自己的运行规律。

孩子之所以喜欢这样的绘本，是因为他们可以"跟随"绘本中的小男孩去店里买圆白菜苗,再一起去松土,刨出一个个小坑,种下一棵棵圆白菜苗,接着,给圆白菜苗施肥、拔草、捉虫,看着它们长成一棵棵圆白菜,等它们成熟后,摘下圆白菜,做成沙拉、包子馅……孩子仿佛置身于真实的种菜环境中。

慢慢读,慢慢学着做,说不定,在冬天快到来的时候,很多孩子的家里就有一棵棵圆白菜!

母牛玛塔的故事

母牛玛塔是一头特殊的奶牛,她热情奔放、爱幻想、爱冒险、喜欢探索新事物。她看似傻乎乎的,实际却聪明得很。《母牛玛塔向前冲》共四册,分别是《母牛玛塔的自行车大赛》《母牛玛塔与热气球王国》《母牛玛塔的海底探险》《母牛玛塔旅行归来》,完美诠释了母牛玛塔勇于追求梦想的故事。

在《母牛玛塔的自行车大赛》里,母牛玛塔用从村里垃圾场捡来的零件组装了一辆自行车,从没骑过自行车的她刚开始摔得鼻青脸肿,但她并不害怕。经过不懈努力,母牛玛塔终于学会了骑自行车,并获得了自行车大赛的冠军。不得不说,大多数的事情,只要下定决心,不畏艰难困苦,就一定可以做到,让孩子在阅读绘本的过程中自然而然地懂得这些道理,比生硬地对他们进行说教,效果不知道要好多少倍!

获得了自行车大赛冠军的母牛玛塔又迷上了热气球,她想到热气球王国去看看。可是主人平乔先生和母牛朋友们都劝她不要去，猫头鹰先生也说没人能翻过通往热气球王国的那座大山，可是勇敢的母牛玛塔并没有退缩，她历经无数艰难险阻，终于爬到了山顶。她登上一个热气球去周游世界，结识了世界各地的母牛朋友，看到了一个大部分人一辈子也难以看到的美妙世界。这样的故事既美好，又让人生出无限遐想！

母牛玛塔很想知道海底是什么样子的，于是她租了一艘微型潜水艇来到了海底。在这里，她见到了沙丁鱼、金枪鱼、虎鲸、鲨鱼、章鱼，他们一开始害怕母牛玛塔，后来与母牛玛塔成为好朋友。在课堂上，如果老师直接告诉孩子哪些是沙丁鱼、哪些是金枪鱼，虎鲸、鲨鱼分别长什么样，他们可能记不住。但是，在《母牛玛塔的海底探险》里，有着母牛玛塔这位孩子们喜欢的主人公在场，海洋里的那些动物叫什么，他们自然而然就记住了。

最后，周游世界的母牛玛塔回家了。她给朋友们带回了数不清的礼物，还给大家讲述了旅行中发生的精彩故事。大家听得津津有味，对母牛玛塔崇拜极了。见过大世面的母牛玛塔带着伙伴们拆除了阻碍她们自由的围栏，她们走出围栏，发现了新的草场、美丽的花朵和漂亮的蝴蝶。原来自由如此美好，这应该是《母牛

153

玛塔旅行归来》想要表达的核心思想吧!

　　《母牛玛塔向前冲》确实是一套值得一看的绘本。如果家长有耐心带着孩子一页一页地阅读下去,相信过不了多久,家长和孩子的视野都会变得更加开阔,也更加相信自己。只要明确目标,下定决心,脚踏实地,就没有什么做不到的事情!

这并不是一本不吉利的书

《爷爷有没有穿西装？》是一本教孩子如何面对死亡和接受悲伤的绘本。布鲁诺的爷爷去世了，他以为那只是一个把爷爷藏起来的游戏。绘本的第一页出现了棺材的图片，这是孩子在生活中很少能够见到的，一些父母不太愿意把这样的绘本拿给孩子阅读，认为这样的绘本太过沉重，还有的父母会直接说："这是一本不吉利的书。"

可是，这就是人生的一部分，而且是很重要的一部分，我们没有权力阻止孩子了解人的生与死、悲与欢、开始与结束。为了让孩子正确面对这些突如其来的打击，不如让他们看看这样的绘本，看看生命最后一刻的必然，如此，他们可能更加懂得生命的可贵、懂得活着的意义。

也许，孩子确实不明白什么是灵魂，在《爷爷有没有穿西装？》里提到过，但布鲁诺不懂，他的妈妈也没有说清楚，孩子看了、听了，可能也不会太懂，不过，没有关系，孩子可以慢慢理解，就如布鲁诺理解的那样："是不是另一个爷爷？"

在《爷爷有没有穿西装？》中，布鲁诺的爸爸说了一句话："把每一天都当成自己的最后一天去活。"看到这样的话，大人都会动容，但孩子可能似懂非懂，也正因为这样，它才是一本适合孩子阅读的好书。正如有的人说的："一本好书未必能找到最完美的解释，也未必能回答孩子的疑问。但它能提供一个'体会的过程'，让孩子学会打开情感的出口和入口。"何况，大人也能在这样的绘本中获得深刻的感悟。因此，它不只是一本童书，还能为失去亲人的大人带来心灵慰藉。

绘本的第一页除了有棺材的图片，还有一双很大的穿着皮鞋的脚，最后一页有一个裹着襁褓的小婴儿，露出了一双小小的脚，首尾呼应，这就是这本绘本的魅力所在，不需要语言，只需要静静地去看、去想、去体会奇妙的生命轮回。

死亡教育是生命教育的一部分，对孩子来说，我们不知道如何提及这些，引导他们学会正确看待死亡，这本绘本就是一个很好的媒介。去看看吧！去看看《爷爷有没有穿西装？》。

学会辨别和了解自己的感觉

　　我的感觉系列绘本由美国儿童心理咨询师、教育家、作家康娜莉娅·莫得·斯贝蔓所著。这套绘本共七册，分别是《我的感觉1：我好害怕》《我的感觉2：我好难过》《我的感觉3：我觉得自己很棒》《我的感觉4：我好嫉妒》《我的感觉5：我好生气》《我的感觉6：我会关心别人》《我的感觉7：我想念你》。这套绘本文字简单，但主人公的情绪都很丰富，孩子们可以通过阅读绘本学会辨别和了解自己的感觉。

　　《我的感觉1：我好害怕》是很温馨的，主人公小熊讲述了自己在哪些情况下会害怕，讲到了害怕是一种冷冷的、紧紧的感觉，非常形象生动且真实。每个人都会有害怕的感觉，只要我们找到正确的方法，害怕的感觉就会缓解甚至消失。书里提到：我害怕的时候，我可以向别人说出来，我可以让别人抱抱我，我可以抱着我的小毛毯或小布偶，我还可以找一个舒服的地方待着。当孩子害怕的时候，也可以采取这些方法试一试。

《我的感觉2：我好难过》讲述了一只可爱的小天竺鼠难过的样子。他在书中诉说了自己在什么时候会难过，然后表达了难过的时候是一种灰灰的、累累的感觉。绘本里最让我感动的一句话是："告诉别人我很难过，并没有什么不好意思。"尤其是图片也配得十分暖人心，哪怕此时正难过，看着看着，也会慢慢地缓解。最后，小天竺鼠还告诉了大家缓解难过情绪的方法，如荡秋千、做手工、和朋友一起玩等。总之，难过并不可怕，正确对待就好了。

《我的感觉3：我觉得自己很棒》告诉每一个阅读过它的孩子，不必事事争第一，即使做不好，多试几次也会成功。我觉得这样的绘本太值得父母带着孩子一同阅读了，让孩子在父母的怀抱里一边读着绘本，一边相信自己很棒，相信父母喜欢的就是自己本来的样子。

《我的感觉4：我好嫉妒》告诉我们，嫉妒是一种普遍而又无法抗拒的感觉，是一种"刺刺的、热热的、讨厌的感觉"。这本绘本能帮助孩子正确认识嫉妒，并教给孩子用合适的方法缓解嫉妒情绪。如果一个孩子从小就能做到只想自己该拥有的、能干的，不去在意别人，他的人生之路就会越走越宽阔。

《我的感觉5：我好生气》中，小兔子遇到了不少令他生气的事，例如，有人取笑他，他玩得正高兴让他停下来干别的活，他要去游泳却突然下雨，他尽了最大努力却画不好画……面对这些令人生气的事情怎么办？小兔子想了很多办法，最后终于不生气了。通过阅读绘本，孩子可以得到启发：生气并不可怕，每个人都有生气的时候，如果感觉自己生气了，可以哭一会儿或一个人待一会儿等。

《我的感觉6：我会关心别人》中提到，"我"平时得到了很多人的关心和照顾，所以"我"也需要关心别人。此外，这本绘本还告诉我们一些道理，那就是在关心别人的时候要做到"己所不欲，勿施于人""我想要别人如何待我，那我首先要这样对待别人。"《我的感觉6：我会关心别人》文字简洁明了，画面温馨，值得一读再读。

《我的感觉7：我想念你》中，每当小天竺鼠的爸爸妈妈出门的时候，小天竺鼠就会思念他们。通过阅读这本绘本，孩子会逐渐明白，每个人都有自己必须做的事情，每个人都有想念某个人的时候，想念的感觉是重重的、有点疼痛的。为了缓解想念，可以找个舒服的地方，看一本有趣的书或画一幅自己喜欢的画。

总之，这是一套特别棒的绘本，家长为孩子提供这样的绘本并和他们一起阅读，有助于孩子学会管理情绪，从而使孩子受用一生。

在阅读中感知生命的意义

《活了100万次的猫》由日本著名作家佐野洋子创作,是一本在日本被赞誉为"被大人和孩子爱戴、超越了世代"的图画书,是一本关于探讨生命意义的书。在幼儿园阶段,我们就可以对孩子进行生命教育,因此这本书正好可以放到幼儿园的阅读角里,供孩子自主阅读,让孩子在阅读中感知生命的意义。

这个故事的主人公是一只长着斑点、有100万次生命的猫,它跟随了很多主人,如国王、水手、魔术师、小偷、老奶奶、小姑娘等。它活了很多次,也死了很多次,每一次死的时候,它的主人都为它流下了伤心的眼泪,但它并没有感动,它不知道为什么要活着,它讨厌它的主人们,在他们那里,它从未感受过自由。后来,它成了一只野猫,一只可以做自己的主人的猫。它遇见了一只非常漂亮的白猫,它非常喜欢这只白猫,它第一次知道为什么要活着。有一天,白猫死了,猫整整哭了100万次,最后,这只猫也死了,再也没有活过来。

跟随儿童，随道而行

在绘本的最后一页，猫不见了，出现了一幅风景画……

很多时候我都在想，这算不得一本给孩子看的绘本，大人更应该认真地看一看，从中领悟活着的意义。

不过，这也是一本可以由家长带着孩子一起阅读的绘本，对孩子来说，阅读这本书的意义在于，学会有主见，有自己的个性，过自己的生活，成为自己的主人。

一本优秀的绘本不在于讲多少大道理，而在于只要翻开就再也舍不得合上了。

走在星空下

这是一本充满诗意的绘本，我很喜欢这样的画面，铅笔和蓝墨水勾勒出一幅静谧的景象，安静、祥和，又有那么一点冒险。这本绘本讲述了一家四口在夏日夜晚即兴漫游，爬山看日出的故事。熟睡的孩子被妈妈唤醒，他们轻手轻脚地穿过小镇、田野、树丛、湖畔，步入山谷。一页页翻过，就像走进夜晚一般，灯光、月光、手电光、晨光有效地呼应与融合，一家四口亲密、和谐地走在其中，被这些光一次又一次地照耀着。树顶上的猫头鹰、草丛中溜达的獾、岩石间的一对老鼠，在这样的一个夏日的夜晚，显得尤其可爱。直到最后一页，一轮黄黄的、暖暖的太阳占据了整个画面，这样的结尾非常美好。

书中配了文字，与画面配合着阅读，如同在听一曲天籁之音，又如同自己的身体浸入了一池散发着浓浓花香的水中。"蟋蟀在花园里的树影里唱着歌，空气中弥漫着鸢尾花和金银花的香味……"这是一本十分适合读给孩子听的绘本，孩子看着画面，听着妈妈或爸爸朗读，想象着自己身临其中，那该是一件多么美好的事呀！无论是三岁、五岁还是十岁，我相信，没有哪个孩子会拒绝边看边听边美美地遐想，如同星星和月亮就在自己身边。

这是一本荣获2019年法国朗代诺青少年绘本奖的优秀作品。这样细腻的，充满着对大自然的爱、对家人的爱、对生活的爱的绘本太值得推荐了。它的名字叫《走在星空下》。

从绘本中读出这个世界的美好与期待

这是一本帮助孩子另眼看世界，引导孩子发现真、善、美的绘本，它的名字叫《大多数人》。见到这个名字，作为成年人的我们是不是一下子想起了一首歌——《这世界那么多人》。这首歌我很爱听，所以看见《大多数人》这样的绘本，还没来得及看里面的内容，我就喜欢上了。我想孩子们也会喜欢吧，光看封面，形形色色的人汇聚在一起，就觉得很有趣。

它用直接的语言告诉孩子们，在这个世界上，大多数人是什么样子的。比如，大多数人喜欢开心的笑，也喜欢看别人笑；大多数人看到别人伤心落泪时，会询问是否需要帮助，会忍不住伸出援手；大多数人乐意为他人提供方便，哪怕是陌生人；大多数人是善良的，当然，也有那么一小部分人，他们可能会说脏话，会欺骗别人，会伤害他人。世界上每一种人，都会给我们带来不一样的相处体验，很多时候，我们看到的不一定是事物本来的样子，需要我们用心感受。所以，即使有些人被贴上了坏人的标签，他们在未来也有可能成为大多数人中的一个，因为他们的内心深处有一颗善良的种子在等待发芽。

在这个世界上，我们每天都会遇到形形色色的人，孩子们也不例外。我们带着孩子读《大多数人》这样的绘本，就是希望他们相信这个世界上大多数人是好人，是能给予他人温暖，也能温暖自己的人；我们带着孩子读《大多数人》这样的绘本，就是要让孩子感受这个世界本来的颜色，使其更具发现美的能力；我们带着孩子读《大多数人》这样的绘本，就是想告诉孩子这个世界既有好人也有坏人，坏人也可以变成好人，只要有充足的阳光、水分和清新的空气。

这是一本富有哲理的绘本，不仅孩子可读，大人更应该好好地读一读，从绘本中读出这个世界的美好与期待。

人生就是一趟只能前行的旅途

从 19 世纪 50 年代中期到 20 世纪 20 年代末，大约有十万个无家可归的孩子乘火车从纽约被送往美国中西部的小镇和农庄。《开往远方的列车》取材于这个真实的历史事件，讲述了其中 14 个孤儿的故事。这 14 个孤儿带着对未来生活的不确定，坐上了"开往远方的列车"……主人公玛莉安与比她小的萝拉是很要好的伙伴，然而，列车刚到普特维，萝拉就因可爱被人领养，同时被领养的还有桑奇、玛薇和另外两个男孩。接下来，火车每经过一站，就有伙伴被人领养，也有伙伴被留下来去往新的一站。这些孩子梦想过上更好的生活，但他们的尊严在一次次挑选中被践踏，看着让人揪心不已。尤其是主人公玛莉安，一次又一次地接受别人的审视，但没有被领养。这仿佛是意料之中的事，因为她不仅没有强壮的体格、漂亮的外貌，年纪也比较大。每一站的停留都让她既充满希望又备感失望，直到最后一站，她被一对老夫妇选中。这对老夫妇领养玛莉安是无奈之下的选择，他们最初的计划是领养个男孩。但最后，他们领养玛莉安了，也许这就是最好的安排。

读完《开往远方的列车》后，我内心很不平静。那些孩子多么可怜，他们生活在战争年代，无家可归。虽然忧伤，但是忧伤中依然带着希望，正如书中那句话："有时候，你最后得到的会比你原先想要的更好。"

作者伊夫·邦廷曾说过："绘本最棒的地方，就是通过故事让孩子很早去理解人生样貌，从小开始为自己的人生做准备。"是的，我们每一个人都可以在遇到挫折的时候，像书中说的那样激励自己：别担心，最后的结果会比你原先想要的更好。如果家长带着孩子一起阅读这本绘本，就可以这样教导孩子：即便在困苦无望之际，也要鼓起勇气，面对现实，去接受而不是去逃避。

人生就是一趟只能前行的旅途，无论怎样，我们都要对未来充满希望！

处理坏情绪的有效方法

我们喝过很多汤,但没有喝过"生气汤"。当我在书架上发现《生气汤》这本绘本的时候,我感到十分有趣,心想:这一定是一本有意思的绘本,若不翻开看看就太遗憾了。于是,我翻开,一页接着一页地看了下去。这本绘本的故事很简单,说的是主人公霍斯遇到了一箩筐不如意的事情,比如,他想不出第三题的答案,调皮捣蛋的小伙伴总是扮鬼脸捉弄他,被跳舞的奶牛小姐踩疼了脚,妈妈没有接他回家……他很愤怒,想缓解,却又不得其法。和现实中孩子的表现如出一辙,霍斯很生气地回了家,但他的妈妈没有责备他,也没有像其他妈妈那样一个劲地追问他发生了什么事,而是一边跳舞一边像玩杂技一般地带他煮了一锅"生气汤",和他一起把怒气都发泄到锅里去。这种方式对孩子来说非常有趣,可以让孩子找到处理坏情绪的有效方法。

《生气汤》的每一页都设计了一个方方正正的花色边框,色彩亮丽的图片都被框进去了,整体感很强,阅读起来也很有连续性。书中的主人公霍斯,其脸上的表情随着故事情节的推进不断变化，十分有趣，还有那位温柔体贴又不失幽默感的妈妈，在不同情景下的表情及动作表现也值得一看再看。

最让我感动的是书中的最后一句："他们就这样肩并肩站在一起，搅散了一天的不如意。"这一页的画面很温馨，一个母亲和一个孩子肩并肩地站在一起，只有背影，看不到表情，却能猜出，母子俩一定带着甜甜的笑意。

《生气汤》并不只是给孩子看的，如果父母都能用心地阅读它，我想，亲子关系会和谐不少。

精彩过一生

这是一本和死亡有关的书，但一点也不沉闷、压抑，是当之无愧的"生命教育之书"。孩子问爷爷奶奶："为什么你们的皮肤皱皱的？爷爷的头为什么是秃的？"爷爷奶奶开始讲他们精彩的一生。"死了以后，我们可能会变成其他的东西，章鱼、麋鹿、小宝宝、小虫、绵羊、鬼魂、外星人，或者是两只瘦巴巴的鸡。"爷爷奶奶的这段话听着并不悲伤，反而十分有趣，在愉快的聊天中暗示了轮回的可能。每一个人都有属于自己的人生，每一个人的一生对他们自己来说都是精彩的。

死亡本是一个沉重的话题，大人一般不愿意谈及，更不愿意与孩子谈论，但每一个人又不得不面对死亡。

《精彩过一生》是一本适合给孩子看的有关死亡话题的绘本，是英国著名儿童文学作家、插画家芭贝·柯尔创作的。《精彩过一生》图文并茂地讲述了一个人从呱呱坠地、学步，到上学、工作、成家，再到死亡的每一个阶段，告诉读者应该珍惜当下的生活，不要抱怨，不要留遗憾，每一种经历都值得被记录，每一个阶段都有属于它的精彩，就连死后的世界，也可能无限精彩。人生的每一个阶段都充满乐趣，跟随柯尔的画笔，人们会忍不住笑出声，尔后陷入思考，最后在笑声中合上了书。

《精彩过一生》图文结合、语言幽默，以一种全新的方式为孩子开启了认识成长、接受变老的大门，是祖孙共读的优秀绘本。

这个故事美好且温暖

《最温暖的家》讲述了一个美好、温暖的故事：主人公克兰西跟随父母从农村的旧房子搬到了城市的新房子，刚开始，克兰西对宽敞明亮的新房子比较排斥，因为旧房子虽然小，但那里有他"过家家"的餐桌，有他喜欢的壁炉，还有透过窗户就可以看见的月亮和太阳，在克兰西的心里，旧房子更值得拥有。不过，到了后来，他遇到了一个叫米妮亚的新朋友，他们一起用纸箱盖高塔、搭火车、盖房子，玩三只小猪和大灰狼的游戏，开心极了。尤其是他们用纸箱建了一个温暖的家，使得原本在新环境中感到孤独无助的克兰西从小伙伴那里找到了熟悉的味道和温度。《最温暖的家》中，新家与旧家部分空间的对比采用一冷一暖的色彩交替，将克兰西不安与难舍的内心活动表现得淋漓尽致。

也许，很多孩子会经历一次甚至多次搬家，父母不能想当然地认为从旧房子搬到新房子是一件高兴的事，也许对孩子来说，房子并不需要装修得多么豪华，有多么大，他们需要的是熟悉的味道和温度。因此，《最温暖的家》不仅仅是给孩子看的绘本，还是给父母看的绘本。很多时候，孩子与大人的需求是不同的。

《最温暖的家》适合搬新家时父母与孩子一起阅读。此后，再搬新家、上新学校、换新环境，孩子还会怕吗？只要父母多站在孩子的角度去想，帮助孩子寻找更多的"米妮亚"，孩子就能快速适应新环境、交到新朋友。

讲错了的童话

《讲错了的童话》是意大利著名儿童文学作家贾尼·罗大里创作的经典短篇故事，他用充满童趣的拼贴和点与线的插画，创造了一个充满想象的自由空间。《讲错了的童话》中，外公被小女孩缠着讲小红帽的故事，外公总是"错误百出"，不是把小红帽说成小绿帽、小黄帽，就是把大灰狼说成长颈鹿，或者小红帽本来是去外婆家送面包，他却说成去姑妈家送土豆皮……每一次外公讲错的时候，小女孩都会纠正，于是，就在一来一回的讲错和纠正中，更多充满想象与欢乐的"新经典故事"就诞生了。

《讲错了的童话》画风独特，笔触稚拙，充满童趣与创意，作者通过人物表情、手势动作来传情达意，惟妙惟肖。有趣的是，书中小女孩的红裙子和外公的灰色头发都是用大小较为均匀的圆点组成的，还有小黄帽、小红帽、小黑帽、小绿帽等也都是用圆点绘制的，好似一张色盲检测图，也像是讲故事的人头脑中不时冒出来的新点子，它们自由且好动，不受约束。

这本书是没有页码的，同时也是作者在暗示，想象是没有壁垒的，由想象所营造的世界欢迎任何人参与进来，在"老掉牙"的故事中进行新的探索，产生思维的火花。故事的结尾也很有趣，小女孩拿起外公给的钱，这是用来买泡泡糖的；而外公，继续看报纸了。尽管外公的讲述错误百出，但故事从头到尾都充满惊喜。

罗大里的创新给了我们一个新的方向，那就是可以改编经典童话故事，使其以崭新的面貌与孩子们见面。读完这个故事，或许我们可以用一种新的眼光看待世界、看待生活。

只要有童心

《五岁老奶奶去钓鱼》的作者是一位出生在北京的日本作家,名叫佐野洋子,《活了100万次的猫》也出自她手。作者通过想象让老奶奶回到五岁的时光,感受生活的乐趣。

老奶奶原本已经98岁了,一直和一只每天都去钓鱼的小花猫住在一起。小花猫每次邀请老奶奶和它一起去钓鱼,老奶奶都会以自己已经98岁高龄为由拒绝。直到老奶奶过99岁生日那一天,原本应点上99根生日蜡烛,但由于淘气的小花猫把一些蜡烛弄丢了,只剩下5根,于是老奶奶过了一个5岁的生日。老奶奶想着自己只有5岁,所以应做些5岁孩童应该做的事,既可以跳过水洼,也可以像条鱼一样在水里自由自在地嬉戏,还可以像猫一样对鱼着迷,所以5岁的老奶奶就和小花猫去钓鱼了。5岁的老奶奶和小花猫一起钓了许多鱼,连她自己都大吃一惊,原来自己还可以做这么多小孩子才可以做的事情呀!结尾处,老奶奶对小花猫说:"我怎么没早点想到变回5岁去呢?明年过生日,你也给我买5根蜡烛吧。"细细品来,无限动人。

《五岁老奶奶去钓鱼》画面古朴简洁，色调温暖又不失乡土气息。老奶奶和小花猫的表情随着故事的推进发生有趣的变化，尤其是老奶奶的眼睛，从刚开始疲惫无力地耷拉着，到眉开眼笑，再到后来瞪着一双明亮溜圆的眼睛和小花猫一起钓鱼，越看越让人觉得趣味十足。

　　读完这本绘本，我在想，到了 99 岁也不可怕，只要有童心，99 岁也能快乐翻倍。所以，这不仅是一本适合孩子阅读的绘本，还是一本适合老人阅读的绘本。我把《五岁老奶奶去钓鱼》推荐给了我的父亲，我相信，他也会喜欢的。

第六章
走在孩子身后

所以，我们更应该走在孩子身后，看他们朝哪个方向走，即使我们无法判断他们选择走的那条路到底是一片光明还是荆棘满地，也可以让他们试试。只是，我们要坚定地走在他们身后，看他们如何在一片光明中开心快乐地唱歌、跳舞，又如何在荆棘满地里拼尽全力寻找生的希望。

走在孩子身后

前期描述：

在幼儿园里，我见一位年轻漂亮的老师总是走在孩子身后，一会儿看看这个孩子，一会儿和那个孩子说说话，我问她："你为什么总是走在孩子身后呢？"她笑着说："我们在学校的时候，老师就对我们说，一旦进入幼儿园工作，千万别忘了常常走在孩子身后。"

"走在孩子身后"，我的脑海里突然冒出这么一句话，并且越想越觉得有道理。不要觉得我们是大人，就可以成为孩子的老师，就一定比孩子博学明智，就可以走在孩子前面，然后回头对孩子大声说："跟我走！"未来，那个未知的世界不是由我们这些受过传统教育、"自以为是"的人去开拓的，真正的开拓者正是当下这些看似什么都不知、什么也不怕的孩子们。对于未来那个广阔的世界，他们更具有想象力和好奇心，他们更愿意冒险尝试，他们更有勇气面对。

第六章 走在孩子身后

所以，我们更应该走在孩子身后，看他们朝哪个方向走，即使我们无法判断他们选择走的那条路到底是一片光明还是荆棘满地，也可以让他们试试。只是，我们要坚定地走在他们身后，看他们如何在一片光明中开心快乐地唱歌、跳舞，又如何在荆棘满地里拼尽全力寻找生的希望。如果他们需要帮助，我们就伸出援助之手；如果他们愿意在困苦中自己寻找希望，我们就站在旁边耐心观望和等待，最多，我们为他们唱响不轻言放弃的歌。

"走在孩子身后"，当我突然想起这句话的时候，我意识到我们曾经常说的"做个开心的'孩子王'"或许错了。在和孩子们相处时，我们为什么要做他们的"王"，我们凭什么做他们的"王"？"孩子王"这样的称谓原本就是我们对自己的褒奖，就是把我们放在了孩子们的前面，就是没有理由地让孩子们跟着我们走，其背后隐藏的意思就是孩子们要听从做"王"的我们的指令。如此，我们又有何理由说我们尊重孩子，愿意与孩子平等相处呢？我想，作为孩子的老师，走在他们身后比带着他们向前冲更好。

幼儿园里的《孤勇者》

前期描述：

在幼儿园的活动室里，老师问孩子们长大之后想成为怎样的人，孩子们纷纷表达自己的想法。有的说要当科学家，有的说要做画家，有的说要成为像老师那样的人，也有孩子说长大之后要吃遍天下所有的糖果，还有一个孩子站在其他伙伴的身后，探着脑袋说了一句："我要成为英雄"。此话一出，整个活动室突然沸腾起来，孩子们不约而同地唱起："谁说站在光里的才算英雄"。孩子们越唱越起劲，一波唱完"战吗"，另一波回应着唱"战啊"，随后大家一起唱出"以最卑微的梦"。当时，我都震惊了。平时让这群孩子唱《春天在哪里》《采蘑菇的小姑娘》，他们唱得无精打采，即使老师反复教唱，不少孩子还是唱了上句忘下句，更别说大家一起唱了。这首《孤勇者》本是年轻人喜欢的热门歌曲，三四岁的孩子却唱得如此欢乐，让我惊讶不已。幼儿园老师应该不会专门教他们唱，那他们从哪学的？为什么如此喜欢呢？

带着这样的疑问，我打开百度，搜索了陈奕迅的这首《孤勇者》，想听听这首歌到底有什么魔力。然而，我第一次搜索到的不是陈奕迅唱的，而是腾格尔，当我听到"爱你孤身走暗巷，爱你不跪的模样，爱你对峙过绝望，不肯哭一场"时，我哭了。我完全不懂我为什么会共情，只觉得这样的歌曲具有力量感，听着让人热血沸腾！曾经，也听人说，《孤勇者》唱出了每个人的心声，当时我并不认同。如今，我不得不承认，这首歌确实具有治愈性。

在我看来，最值得一说的是《孤勇者》的歌词。它字里行间无不体现着一个普通人对生活的热爱，对生命中所遇到的一切艰难困苦的蔑视，对只需做好一个真实且勇敢的自己的崇拜，就算自己不是英雄。我无从知晓三四岁的孩子是如何理解"卑微""对峙""褴褛""斑驳""蛮荒"等词语的，我只知道很多孩子能清楚地唱出这些词语，不需要任何人的解释，好似他们天生就听得懂，尤其是所有孩子都最爱唱最后一句"谁说站在光里的才算英雄"。当他们唱到这一句时，我分明看到孩子们稚嫩的眸子里散发着有趣的光芒。是的，有趣的光芒，是这个时代的孩童才会有的有趣的光芒。以后，等到他们长大，在面临困难、挑战时，他们除了会念"天将降大任于是人也，必先苦其心志，劳其筋骨"，还有可能记得儿时唱过的《孤勇者》。

每一个孩子都有一个英雄梦，我们大人何尝不是。只是，我们现在才明白，没有站在光里的我们还有机会做英雄！一首《孤勇者》，可以从3岁唱到30岁，甚至60岁、80岁，不得不说，这样的歌值得一直唱下去！

孔融为什么让梨？

前期描述：

在幼儿园里，老师讲完孔融让梨的故事后，组织孩子们讨论这样一个问题：孔融为什么让梨？一个孩子站起来说："因为孔融想得到大人们的表扬。"另一个孩子站起来说："他可能不太喜欢吃梨。"接着，又一个孩子站起来，他说："如果不把大的梨给哥哥吃，哥哥就会欺负他。"听着孩子们的发言，老师清了清嗓子，准备开口说话。此时，一个孩子站起来说："小梨子比大梨子甜。"随后，又有好几个孩子附和，纷纷说小梨子确实比大梨子甜，有的说红香酥梨就很小，但是很甜；有的说香蕉梨也不大，但真的很好吃；还有的说，有一种梨又大又难吃，但不知道叫什么……一场关于梨子味道的讨论开始了，至于老师想通过讲孔融让梨的故事让孩子们学会谦让的目标，估计是暂时达不成了。老师伸了伸舌头，看着站在教室后排的我，我微笑地和她摆摆手，示意不要打断孩子们的讨论。

其实，在幼儿园教学中，很多时候都会出现这样的情形：原本一个有清晰目标、完整教学方案的教学活动在组织过程中被孩子们的"突发奇想"弄得七零八碎。在遇到这种情况时，有的老师会把孩子们拉到自己预先设计好的轨道上，否则就觉得自己不是一个称职的老师；有的老师会尊重孩子、理解孩子，既然孩子们发起了另一个话题，而且讨论得很激烈，她就会放下自己预先制订好的计划，跟随孩子们的想法，我觉得这样的老师更有智慧。

孔融让梨的故事流传了千百年，每每说到这个故事，大家都对孔融小小年纪就懂得谦让赞不绝口。但到了今天，随着时代的发展，孩子们的思辨意识更强了。对于同一个故事，不同的孩子可能有不同的认识，不一定就要得到一个标准答案。就"孔融为什么让梨？"这个问题来说，孩子们有不同的答案很正常。在我看来，孩子们能从不同的角度得出有趣的答案是一件好事，这说明老师没有压制孩子的想法，给孩子营造了一个想说、敢说、有机会说的环境。

让我来试试看

前期描述：

一次，在一所幼儿园里，我随意地走走看看，发现孩子们说得最多的一句话是"让我来试试看"。比如，有一些橘子熟了，需要摘下来，还没等老师说摘的方法，就有孩子主动说："让我来试试看。"一根旗杆上的绳子打结了，老师正在思考如何解开它，就有孩子上前来，说："让我来试试看。"因为下雨，沙池里的沙子结在一块，显得不那么松软了，就有孩子拿起工具，跳入沙池，这铲铲，那挖挖，一边工作一边说："让我来试试看。"

为什么孩子习惯说"让我来试试看"？带着这样的疑问，我又仔细地观察了这个幼儿园老师与孩子的相处方式。我发现，大部分老师比较"懒"，她们不怎么开口说话，大多数时候，孩子们说的比老师说的多。在课堂上，只要老师提出一个问题，孩子们就七嘴八舌地讨论起来，老师也不打断他们，随他们去说。很多时候，一群孩子在那里忙得热火朝天，老师却站在孩子们身后悠闲地看着。当我再次走到老师中间，仔细聆听老师与孩子们的对话时，我发现这里的老师习惯说："谁来试试看？"原来如此，老师经常问："谁来试试看？"孩子们自然就回答："我来试试看。"久而久之，就成了这个幼儿园的一大特色。

我想，家长在和孩子相处时，是不是也可以学一学这所幼儿园的老师，常常对孩子说"你来试试看？"如此，孩子才有机会，也才有信心说"让我来"。一个从小就有责任心，愿意主动尝试、大胆探索的孩子，长大之后一定差不到哪里去。

幼儿园里的教研活动

前期描述:

我的一个朋友是从事高科技研究工作的,一直觉得幼儿园工作比较简单。在她眼里,幼儿园老师就是带孩子唱唱歌、跳跳舞,没有技术含量,就是"高级保姆"。我不认同她的观点,对她说:"我们幼儿园里也是有教研任务的"。她很诧异,说幼儿园也做研究呀,就问我:"具体是如何做的?为什么要做呢?"于是,我对她说:

每一所幼儿园都需要定期组织老师开展教研活动,这是毋庸置疑的。有的幼儿园把教研工作当成应付上级检查的一项内容;有的幼儿园把教研工作当成提升老师专业能力,促进全园保教质量提高的一个重要抓手;还有幼儿园采取"忽冷忽热"的态度,想起来就认真研究一下,如果还有其他事情,就将教研活动放在一边。有人说,幼儿园的义务是把孩子看好,不让孩子饿着、摔着,有好吃的、好玩的就挺好,又不是有学习任务的中小学,更不是专门的研究机构,为什么折腾自己。说实话,曾经我也这样认为，现在想来，那时的自己目光多么短浅呀！

我越来越觉得，如果一所幼儿园不狠抓教研工作，那么这个幼儿园一定走不远；如果一个园长不重视教研工作，那么这个园长一定干不长；如果一个老师不积极参与教研工作，那么这个老师一定会被时代淘汰。

幼儿园必须做教研，但不能为了迎合上级检查而做，不能等所有的工作忙完了再做。幼儿园教研工作必须立足幼儿园实际，探讨幼儿园工作中遇到的实际问题，从小点出发，往大处思考，边研究边总结，边总结边实践，边实践边发现新问题，继而再研究、再总结、再实践，如此循环往复，最终促进教师专业能力提升，推动全园保教质量朝着更好的方向发展。

我很喜欢这句话："教而不研则浅，研而不教则枯。"如果一个老师只想着教学，却不对自己的教学提出问题，不对教学问题进行深入研究，不在研究中总结出新的经验，那么他只是一个照本宣科的"教书匠"。如果一个老师不愿意和学生在一起，不与学生沟通交流，不去了解学生的兴趣爱好，不好好上课，只知道坐在办公室里写论文、做课题，那么就算他取得了一定的科研成果，也只是一个"教育理论者",称不上一个好老师。只有一边教学,一边研究,并将研究成果运用到教学中去的老师,才算一个真正的好老师。

作为老师,努力的方向就在那里,要做一名既会教学又会研究的人。无论是给孩子上课,还是给老师培训,首先要用真情。只有在课堂上全情投入,才能让受教育者获得感动和共鸣。其次要有方法。教育方法有很多,但哪些方法适合孩子呢?这个时候就需要认真研究了,研究自己的教学风格、特点,总结自己的教学经验;研究孩子们当前的受教育水平,明确他们的共同点和个性;研究教学内容、教学目标等。只有认真研究,才能找到好的教学方法,最终取得好的教学效果。可以将研究的具体内容形成一篇论文、一个课题,这就是教中有研、研中有教、教研有果。这是从教学到研究再回到教学中去的一种模式。还有一种模式是直接从研究出发,在研究中开展实践教学,在实践教学中发现新的问题并去研究,得到研究结果后再回到教学中去验证,如此往复,使教学更生动、研究更深入。

作为一名幼儿园园长,你可以不去参加一些没有意义的会议,可以不坐在办公室里挖空心思地写一篇完美的工作计划,也可以不站在幼儿园门口殷勤地和每个家长和孩子问好，但你一定要全力组织幼儿园的每一个教研活动，帮助老师找到教研活动中存在的问题，帮助他们寻求解决问题的方法和途径，鼓励他们积极参加实践，和他们一起在教研中获得成长、体验幸福。

第六章　走在孩子身后

别让孩子活得太拘谨

前期描述：

老家来了一个亲戚，带着她三岁的孩子。我蹲下来和孩子友好地打招呼，他随即躲到他妈妈身后，我问他叫什么，他却眼巴巴地看着他妈妈，他妈妈说："你告诉姑姑吧。"他便小声地说了三个字。我递给他一本图画书，他又看着他妈妈不肯伸手去接，他妈妈说："拿着看吧。"他才接过我递过去的书，然后又不知道该如何做了，拿着书看着他妈妈，一副可怜分分的样子。看着这个如此拘谨的孩子，我的心里一阵酸楚。晚上，等到孩子睡下，我和孩子妈妈就孩子的拘谨问题攀谈起来，其间，我提到了一个我在幼儿园亲身经历的小故事。

在幼儿园里，我发现大部分孩子是活泼可爱、开朗大方的，偶尔有的孩子有点调皮，但表现出来的也是一个孩子应有的可爱的样子。也有一小部分孩子，他们处处小心谨慎，特别爱看别人的脸色行事，十分在意他人的评价。如果有老师或小伙伴说"我喜欢你""你是最棒的"，他们就会非常兴奋；如果有人板着脸，他们就下意识地想自己是不是哪里做错了；如果有人对他说"我不和你玩了"，他就会十分伤心，想尽一切办法和对方说好话，迁就对方，其目的是得到对方的认可。有的孩子明明不乐意将自己心爱的玩具送给他人，但为了讨好他人，也会表现得非常积极。每当我看到活得这样拘谨的孩子，心里就不是滋味。

一次，在一所幼儿园，我看见一个小男孩拿着一辆玩具汽车在操场上跑来跑去，后面跟着一个沉默不语、表情沮丧的孩子。见此情景，我就猜出了七八分，走过去问那个情绪低落的孩子："你的朋友抢走了你心爱的汽车，是吗？"孩子委屈地点点头，停了一会儿，孩子又摇摇头，怯怯地说："他说借他玩一会儿就还我的。"我蹲下来，扶着孩子瘦弱的肩膀，微笑地对他说："你如果不愿意，就直接和他说，这是你的玩具，你有权利说'不'的。"听我这么一说，这个孩子浅浅地笑了笑，接着又低下头，沉默不语。我见他低落的样子，心里一急，直接说："我们不是为别人而活的，我们每个人都需要先活出一个自己来。"话一说完，我自己都震惊了，心想：我这是怎么了，他还是个孩子，如何能听得懂这些？不过，话已出口，就没有办法了，我望着他的眼睛，看着他的反应。他足足呆了两三分钟，然后跑到那个拿了他玩具汽车的小男孩身后，开口说话了："我要玩了。"他说的声音很轻，回头又看了我一下,我远远地给他竖了一个大拇指,他便又冲着那个男孩说了一句:"我要玩了。"这一回,他的声音很大,那个男孩停住了脚步,怔怔地看了他一眼。"我要玩了!"他又说了一句,这一句更加坚定了。两个孩子面对面看了一会儿,他背对着我,我看不到他的眼睛,但我相信那一刻,他的眼睛里正散发着坚定的光芒。又过了一会儿,那个男孩狠狠地将玩具汽车塞到他的手里,跑走了。剩下这个孩子站在操场一角,拿着玩具汽车,远远地回头看着我。我不认识这个孩子,我也不知道是不是最后那句我以为孩子听不懂的话起了作用,他远远地看着我时,我能感觉到他对我的信任。他是不是在想:你看,我把玩具汽车夺回来了,我做到了!或者,他在想:你看,我把玩具汽车夺回来了,但没人和我玩了,怎么办?抑或,他可能在心里埋怨我:就是她出的"馊主意",这下,自己在同伴心目中的好印象没有了。

我不知道他到底是怎么想的,我再想走过去的时候,他的老师来了,牵着他的手把他领回了教室。望着这个渐行渐远的孩子,我在想:还有多少孩子如他这样?作为教育工作者,我们应该做些什么呢?

此刻,我仍没有找到一个正确的答案……

让幼儿园里多一些笑声

前期描述：

我害怕看到哭泣的孩子，一听到孩子的哭声，我就揪心，心想：他们一定是哪里不舒服了，一定有很多想说的话说不出来，或者即使说出来了也很少有人懂。一听到孩子的哭声，我就习惯性地往深处思考：哭声背后隐藏着什么秘密？这个孩子的哭声和那个孩子的哭声有什么不同？这个孩子当下的哭声与之前有什么不同？他是不是经常因为同一件事情哭？为什么没有人帮助他解决这些问题？孩子他自己是不是会有这些思考？

想得多了，脑袋就疼，但又习惯性地去想，于是，便对孩子的哭声产生了恐惧，但又似乎不是真的恐惧，是一种说不明白的感觉。

我还是更喜欢看孩子的笑脸，听孩子爽朗的笑声，那样的笑声具有治愈性，治愈一颗因为某个问题而始终想不透彻的、着急且焦虑的心。

走进幼儿园，走进课堂，我把更多的焦点放在了孩子身上，我一个接着一个地看，看孩子们的脸上流露出何种表情。我喜欢望着他们那清亮有神、炯炯发光的眸子，这样的眸子看到越多，我的心情越愉悦。如果走进课堂，看到的是一个个无精打采的孩子，一双双没有光的眸子，我的心情会十分低落。这个时候，不需要思考老师教了什么，使用了何种教学方法，我就知道，这样的课堂出问题了。哪怕老师讲得绘声绘色、滔滔不绝，那也是空洞的，对孩子来说，无法给他们带来快乐体验、无法让他们有愉悦心情、无法给予他们美好期待的课堂是不好的。

　　不如让孩子们自己去玩，让他们自由选择自己该干的事，让他们开心、快乐，让他们的眸子放光，让他们的笑声穿透整个幼儿园的上空。如此，他们的老师就算一个好老师了。

　　幼儿园的教育没有那么高深，不需要高科技手段，只需从心出发，照着孩子们说的、想的、希望的去做，想尽办法让他们变得自信，自得其乐。让幼儿园里，少一些哭声，多一些笑声；少一些沮丧，多一些希望；少一些茫然，多一些主见；少一些消极，多一些积极；少一些权威，多一些平等；少一些平庸，多一些灵动。这样的幼儿园就算好的幼儿园了。

当然，当我遇到一个哭泣的孩子，我还是非常紧张，因为我总是习惯性地去想，想得连饭都吃不好，想得连觉都睡不着。

无所作为的教育

前期描述：

这段时间，一个老师正在看卢梭的《爱弥儿》，看了一半跑过来和我讨论无所作为的教育到底是什么样的。我觉得这个话题很有意思，就和她讨论了起来，我是这样表述的：

卢梭在其著作《爱弥儿》中说道："什么是最好的教育？最好的教育就是无所作为的教育：学生看不到教育的发生，却实实在在地影响着他们的心灵，帮助他们发挥了潜能，这才是天底下最好的教育。"

我对无所作为的教育是这么理解的：在幼儿园里，没有老师说"我们上课了"，只有说"来，我们一起做个游戏吧"；在学校里，没有老师说"现在开始考试"，只有说"来，我们一起聊一聊、做一做、看一看"；哪怕真的有试卷，没有老师说"看看你们都得了多少分"，只有说"你们可以给自己打多少分"。

无所作为的教育一定不是教几个字，读几首古诗，算几道算术题，告诉学生从地球到月球有多远，要求学生把圆周率背诵到小数点后二十多位数……无所作为的教育是老师不说这个字怎么念，学生自己去查字典；老师不规定需要背诵的古诗，学生自己选择喜欢的古诗作曲吟唱；老师不说明数学题的解法，学生自己从网络、同伴处获取答案；老师不照着书本念地球到月球的距离，也不把圆周率写满整块黑板，学生只需一部手机、一台电脑就可以知晓全世界……

那么，老师应发挥哪些作用？我相信，无论时代如何变迁、科技如何发展，老师这个职业永远不会消失，因为老师的作用在于激发学生主动去学习、去思考、去发现、去创造；老师的作用在于与学生进行高质量的互动交流，以一颗无私奉献的心滋养学生的心灵，并且所有的激发与滋养都是"润物细无声"的。这就是老师的用处，不是吗？

作为老师，有必要时刻问问自己"什么是最好的教育？"有的时候答案来自如卢梭这样的大家写的著作，有的时候答案就在于保持一颗初心，不是吗？

所谓"自控力培养"

前期描述：

孩子的控制能力很弱，但有些幼儿园老师为了维持班级纪律，常常让孩子们一动不动地端坐一二十分钟，还美其名曰"这是为了提高孩子自控力"。这种提高孩子自控力的方法单调、无趣，完全不适合这一阶段的孩子。一些孩子上幼儿园之前对幼儿园抱有无限期待，但上了幼儿园之后，发现老师这也不让做，那也不让动，一天还要花好长时间练习"坐姿"，好像在老师眼里，孩子在上幼儿园之前都不会坐。难怪一些孩子不想上幼儿园了。

这真是一件糟糕的事情。被要求不断练习"坐姿"的孩子最终会有何表现呢？据我观察，无非有两种：第一种就是在老师的"循循善诱"下，原本机灵、爱动的孩子被训练成一个个听话照做的小小"机器人"，他们真的可以一动不动地在教室里坐上一二十分钟；第二种是总也无法"改邪归正"的"小刺头"，无论老师如何"引导"，甚至"威逼利诱"，这些"小刺头"也坐不安稳，有的时候老师越是强调，他们越不遵照执行，最终被老师说成"不知上进的捣蛋鬼"，他们只得"破罐子破摔"了。一种是唯命是从的"机器人"，一种是"破罐子破摔"的"小刺头"，哪一种都不是我们期待的孩子应该成为的样子。如此，又何谈对孩子进行自控力培养呢？

往深层次分析，就发现这些老师根本不是为了孩子成长，也不是"好心办坏事"，他们不过是为了让自己省心。如此，和新闻报道里的有的保姆为了防止孩子吵闹给孩子喂安眠药又有什么区别呢？令人气愤的是，他们还打着"提高孩子自控力"的旗号，这样的老师应该尽快清退。

学龄前孩子的控制能力本来就弱，在幼儿园里，老师有责任培养孩子的自控力，但应结合孩子的年龄特点和身心发展规律，采取寓教于乐的形式，鼓励孩子到实践中去感知和体验。我再次旗帜鲜明地反对在幼儿园里对孩子进行机械、枯燥的"坐姿""站姿"之类的训练。

不要抹杀孩子爱玩游戏的天性

前期描述：

一个妈妈问我："我的孩子整天就想着玩游戏，到底好不好呀？"我说："幼儿阶段的孩子本就是要玩游戏的。"这个妈妈皱着眉头说："这样天天玩下去，以后还知道学习吗？"就这个问题，我当天晚上专门写了下面几段文字，第二天发给了这个妈妈。

谈及幼儿园教育，绕不开的一个话题就是游戏。谈及幼儿园老师，有人认为，如果不会玩游戏，不会创设游戏情境，不支持孩子们玩游戏，就不适合做幼儿园老师。谈到幼儿，家长谈论最多的就是孩子最近在玩什么游戏，是如何玩的。游戏，几乎可以和幼儿园教育、幼儿园教师、幼儿画等号，离开游戏的幼儿园也称不上幼儿园了。

但我们悲哀地发现，一些幼儿园里已找不到游戏了。孩子们早上八点入园，在幼儿园吃完早餐后就开始阅读。注意，此时孩子们只能阅读，不能做与阅读无关的事情。九点钟正式开始上课，真的是上课，孩子们需要端端正正地坐好，老师在讲台前滔滔不绝地讲课，孩子们很少有发言的机会，也没有动手操作的机会。老师讲课的口头禅就是"你们听懂了吗？""我看谁坐得最好""小红花送给最听话的孩子"……

　　一节课结束后，孩子们集体喝水、上厕所，接着上第二节课。通常一节课三十分钟，但有的老师要在课堂上整顿纪律，往往将一节课的时间延长至四十分钟甚至一个小时。这样，上午的时间就所剩不多了。孩子们还要到操场上做课间操，每天都一样，不管孩子们是否乐意，都不能离开队伍，不能不按照老师的示范做。一节课间操下来，前前后后需要花三四十分钟，还来不及自由活动，午餐时间就到了，孩子们必须排着整齐的队伍回到教室里吃午餐。餐后散步环节也是不能做游戏的，就是老师在前面走，孩子们排着整齐的队伍跟在老师后面，走完一圈后就回到寝室午睡。下午，孩子们从起床到出寝室需要花上半个小时，然后集体吃点心，吃完点心开始做游戏。通常来说，游戏内容是老师定的，规则也是老师定的，好不好玩不重要，孩子们只需要配合老师。所谓游戏，也只是"请你照我这样做""拍手表扬，跺脚批评"等，这怎么能算游戏呢？它们实在太机械乏味、枯燥无趣了。

我国著名儿童教育家陈鹤琴曾说："小孩子生来就是好动的，是以游戏为生命的。"游戏就是儿童的工作，儿童热爱游戏是天性使然。你看，1岁之前的孩子没事会玩自己的小手小脚，2岁的孩子会和小伙伴互相"打电话"，3岁的孩子会把一根木棍当手枪与"敌人"打仗，4岁的孩子会手拉手围在一起"丢手绢"……他们不需要老师喊"大家开始玩游戏了"，不需要老师安排游戏开始、结束的时间，不需要老师评价谁游戏玩得好，谁还需要继续努力。

把孩子游戏的时间还给孩子，不要把游戏当成听从老师指令的活动。幼儿园老师要为孩子们提供尽可能多的环保型玩具，给他们足够的游戏空间、弹性的游戏时间，让孩子们在游戏中自由发挥，不受某一物品或现实情景的束缚，能够自由思考和创造。

我们要相信，在游戏中，孩子们能更快地增长知识、提高能力。正如苏联教育家马卡连柯所说，游戏在儿童生活中具有极其重要的意义，具有与成人活动、工作和服务同样重要的作用。

　　无论是谁，面对孩子，都不要抹杀他们爱玩游戏的天性，那是他们在快乐童年里散发出的富有智慧的光芒！

把儿童节还给儿童

前期描述：

马上就要过六一儿童节了，家长们都在问："今年六一儿童节咱们幼儿园都有哪些节目呢？"园长说："咱们幼儿园今年不举办文艺汇演了。"家长们一听就急了，纷纷说："不举办文艺汇演那举办什么呀，不是年年都举办的吗？这么大一个节日，连个节目都没有，这也太不好了。"于是，就有了《把儿童节还给儿童》这篇文章，希望家长们看后能够理解。

早些年，为了庆祝六一儿童节，大部分幼儿园的做法是策划一些节目，让孩子们在台上蹦呀、跳呀，家长们在台下给孩子们拍照、录像，然后在朋友圈里晒一晒。

近年来，部分学前教育专家提出了"把儿童节还给儿童"的口号。这样，六一儿童节文艺表演就不再受欢迎了，取而代之的是孩子们喜欢的"跳蚤市场""游园会""小鬼当家"等活动。这类活动不需要提前排练，也不需要孩子们按照要求做统一的动作，孩子们在活动中的自由度更高一些，自然也更受孩子们的欢迎。有一些家长却不太高兴了，觉得这样的儿童节"含金量"不高。

今年，六一儿童节又要来了，我们又能想出哪些花样呢？

其实，一千个儿童就有一千种梦想过儿童节的方式。小时候，我特别喜欢过儿童节，因为那天有花裙子穿。只要有花裙子穿，我就不讨厌上台表演。所以，有时我想，我们不一定要把文艺汇演一棍子打死，只要孩子们乐意，我们就可以让他们自由选择。当然，也有一些孩子是讨厌表演节目的，他们更愿意去动物园看动物演出，或者和几个同伴一起玩"警察抓小偷"的游戏，还有的孩子什么也不想干，他们只想好好地睡一觉。那么，就由他们做出选择吧。

把儿童节还给儿童，让儿童轻松快乐、自由自在地享受属于他们自己的节日吧！

幼儿园为什么要开展户外活动？

前期描述：

这段时间，看到有些幼儿园户外活动时间不足、户外活动内容单一，我就很恼火，就问："户外活动时间为什么不足？户外活动内容为什么单一？"答案五花八门。有的说："天气不好，经常下雨。"有的说："害怕孩子出现安全事故。"有的说："室内活动排得太满，缩短了户外活动时间。"这些理由听起来有道理，像是为孩子考虑，实际上阻碍了孩子发展。为此，我在一次教职工会议上就"为什么要保质保量地开展幼儿园户外活动"谈了自己的看法。

孩子在户外活动主要以阳光和新鲜空气为伴，再丰富的室内活动也取代不了户外活动。正因为如此，户外活动有利于提高幼儿的免疫力。经常在户外活动的幼儿身体结实，很少生病。而夏天怕热着、冬天怕冻着的孩子可能会不适应季节变换，容易生病。

如果把幼儿园里幼儿的生病率与幼儿的每日户外活动时长做一个对比，我们很容易发现，那些幼儿生病率低的幼儿园，老师坚持带领孩子们进行户外活动，且户外活动时间较长。

当然，户外活动的好处并不只限于这一点。和室内活动相比，户外场地更大，更能满足孩子好动与探究的本性，加之一般户外活动是好几个班级一起进行的，这就打破了班级界限，更能促进幼儿社会化。《3～6岁儿童学习与发展指南》指出，幼儿每天的户外活动时间一般不少于两个小时。既然有明确的指标，我们又清楚户外活动对幼儿各方面发展的重要性，各幼儿园就要遵照指标执行，而不是想着为没有开展好户外活动找各种理由。

不过，仅仅是每天户外活动两小时还达不到幼儿园组织户外活动的真正目的，还需要考虑各类体育器材、户外玩具的投放量。投放太少，部分幼儿没有体育器材、户外玩具可玩；投放太多或投放不合适，容易造成安全事故。所以，投放适合各年龄段幼儿自主操作的体育器材、户外玩具尤为重要。同时，还要考虑季节。比如，夏天可以多设计几个适合玩水的区域，冬天就减少一些；秋天可以专门设置一个落叶游戏池，到了春天就换成别的材料。

总之，幼儿园应坚持组织户外活动，尤其是教师应充分考虑幼儿的兴趣爱好、运动能力，尊重幼儿的意愿，尽可能多地给予幼儿自由活动的机会。

看见儿童

前期描述：

一次，在一所幼儿园参观学习，老师们正聚在一起讨论"看见儿童"这个话题，她们讨论得激烈，我也不由地参与其中，回到家里，我再次想到了这个话题，便写下了这些文字。

看见儿童，不仅仅是看见，如果只是看见他笑，不去探究笑的原因，那么大家相互一笑也就过去了。他为什么笑？习惯在什么情况下笑？和谁在一起笑？这一次的笑和以前的笑有什么不同？这些如果我们都"视而不见"，就不算真正看见。如果只是看见他在玩，不去看看玩的效果，那么孩子玩玩也就过去了。他在玩什么？怎么玩的？和谁在一起玩？为什么和他一起玩？找到了哪些新玩法？是否遇到了困难？这些如果我们仍然"视而不见"，看见儿童就只是一句空话。

看见儿童不仅仅要用眼睛看，还要用心看。只有用心看，才算真正看见。只有真正看见儿童，才能基于儿童本身创设适宜儿童的环境，提出适宜儿童的教育口号，作出适宜儿童的教育决策。否则，我们永远都是想当然，永远都是自以为是，永远都离儿童很远……

有人说，看见儿童，是儿童之幸、教育者之幸、教育之幸。我想说，看见儿童，是整个社会之幸。如果每一个孩子都能被真正看见，那么还有哪个孩子会感到忧愁呢？如果每一个成人都愿意静下心来看见每一个遇见的孩子，且是真正看见，那么他还有什么事是理解不了的呢？从孩子到成人都能自觉、真诚地去看见、发现这个世界，这个世界就会更加美好。

看见儿童，不仅仅是看见。这让我想起有一天，我看见一个小姑娘牵着妈妈的手，十分兴奋地对她说："走，我带你去看看我们幼儿园新来的小羊。"她是那般兴奋、那般骄傲，想在妈妈面前展示一下幼儿园里的"神奇"，却被一名保安叔叔拦住了，理由是已经放学，幼儿园要关门了。孩子失望极了，那双瞬间失神的眼睛，我到现在还记得，每每想起，心里还隐隐作痛。我在想，在幼儿园里，有很多这样的保安叔叔，他们每天都在门口看着进进出出的孩子，却不算真正看见。

为幼儿创设适宜的游戏环境

前期描述：

作为幼儿园老师，我们常常听到这样一句话："老师要为幼儿创设适宜的游戏环境。"年轻的老师会问："道理我们都懂，可是适宜的游戏环境的标准是什么呢？"是的，只和年轻的老师讲大道理是没有用的，要想让她们获得专业上的成长，就需要与她们进行深入、细致的讨论，和她们一起看、一起做。

把这个问题分解一下：一是游戏环境是什么，二是适宜的标准是什么。通常来说，游戏环境包括两大类：一是物质环境，二是精神环境。物质环境包括游戏空间的规划、游戏时间的设置、玩具的选择等，精神环境就是游戏中平等、互动、和谐的同伴关系与师生关系的建立。

由此，便可以将上面的问题进一步细化。

一是适宜的游戏空间问题。这里说几个容易理解的原则，比如，注意动静分开，考虑卫生及安全性，要有一定的动态性和可变性，根据各区角的活动特性安排位置，注意适度留白等。

二是适宜的游戏时间问题。这个问题需要结合不同年龄段孩子的身心特点以及游戏类型来考虑。比如，大班建构区的游戏，如果没有四十分钟左右的时间，孩子们是玩不尽兴的，小班的游戏时间可以适当短一点；户外游戏需要的场地大，游戏内容丰富多样，时间就应更长一些。《幼儿园工作规程》第十八条规定，在正常情况下，幼儿户外活动时间（包括户外体育活动时间）每天不得少于2小时，寄宿制幼儿园每天不得少于3小时。

三是适宜的游戏玩具问题。一方面，应选择贴近幼儿生活的玩具；另一方面，游戏玩具的选择要有一定的层次性。著名心理学家皮亚杰提出："我们必须承认有一个心理发展过程的存在，一切智力的养料并不是所有年龄阶段的儿童都能够吸收的，我们应该考虑到每个阶段的特殊兴趣和需要。"所以，我们要提供具有层次性的材料，既要从班级整体水平和实际情况出发准备材料，还要根据每个幼儿的不同发展水平准备相应的材料，以便实施个别化教育。另外，应根据幼儿的游戏发展水平及时调整材料，同时鼓励幼儿自己准备材料，这样更有助于幼儿主动性的提高。

四是适宜的精神环境创设问题。教师应有正确的、科学的教育观、儿童观，这是创设适宜的精神环境的前提。教师要努力成为孩子的朋友，用心倾听孩子的心声，鼓励孩子按照自己的意愿活动，引导孩子相互交流思想感情。

随口说说也不行

前期描述：

在一所幼儿园里，我走到一个班级门口，听到老师正在对一个孩子说："你再不听话，我就把你送到别的班上去。"虽然这位老师不是真的要把孩子送到别的班上去，但我还是狠狠地批评了她。老师很委屈，说："我只是随口说说而已。"我严厉地说："随口说说也不行！"随后，对她说了下面这些话：

有些幼儿园老师习惯性说这句话。为什么要对孩子说这话呢？原因可能是：

（1）孩子太调皮了，老师管不住，只能出此下策，吓唬吓唬孩子。

（2）不管孩子是否真的调皮，只要老师此刻心情烦躁，就忍受不了孩子们正常的嬉戏打闹。她们随口这么一说，没有具体行动，只是在自我发泄。

（3）老师希望自己班级的孩子都"听话"，她不想看到某个孩子挑战自己的权威。

由此来看，说这话的老师算不得合格的老师。从某种意义上说，这叫作变相体罚。变相体罚和体罚在一定程度上是一样的，都需要予以警告。

有的老师不以为意，心想：我不过就是随口说说，没有对孩子造成身体上的伤害，没什么大不了的。对于有这种想法的老师，我是十分排斥的。我想请有这种想法的老师回答下面几个问题：

（1）你认为怎样的孩子算听话？要听谁的话？为什么要听这个人的话？

（2）你如果把自己班上的孩子送到别的班上去，别班的老师和孩子会如何看你？你自己班的其他孩子会如何看你？你自己又会如何看自己？

（3）如果你只是嘴上说说，那么说了和没说有多大区别？说了之后会产生哪些负面影响？

（4）有没有不把孩子送到别的班上去的老师？你是否认真观察分析过这些老师平时是怎样和孩子相处的？

（5）你想成为哪种老师？你为此付出过怎样的努力？结果如何？你还可以做些什么？

一般情况下，当老师回答完我提出的这几个问题，她会恍然大悟，原来作为一名老师，对孩子说诸如"你再不听话，我就把你送到别的班上去"这样的话是非常不合适的。

自主思考，多维思辨

前期描述：

"好人不一定真的是好人，坏人也不一定真的是坏人。"在一所幼儿园，我看见一个小男孩站在一扇窗户边，一边望着远方，一边自言自语。我好奇，蹲下来问他："为什么呢？"他说："妈妈天天给我洗衣做饭，本来是好人，可她今天打了我，她就不是真的好人。隔壁王叔叔是从监狱出来的，大家都说他是坏人，但他今天批评了妈妈，说大人不应该打小孩，他就不是真的坏人。"我一听，先是哈哈大笑，之后深思，才发现这么大的孩子已经有了一定的思辨能力，有了自己的是非观，尤其是对于好坏的判断，知道不是非好即坏、非黑即白。

这使我想起以前看过的样板戏，小时候看这些电影，坏人都长得贼眉鼠眼，好人都是五官端正、浓眉大眼。一场电影下来，讨论最多的就是电影里有多少个坏人、多少个好人。

现在想来，有些好笑。在社会上摸爬滚打多年之后发现，人世间哪有绝对的事和绝对的人。所有的事物都具有多面性，如果只从一面看问题，就会以偏概全，最终"不识庐山真面目"，苦了自己，亦害了他人。

当下的幼儿园教育，或多或少地沿用了样板戏的教法，一个故事讲完，先让孩子们说说故事里谁是好的，谁是坏的。比如，灰姑娘里，灰姑娘就是好的，后母就是坏的；小红帽里，小红帽和猎人就是好的，大灰狼就是坏的；龟兔赛跑里，乌龟就是好的，兔子就是坏的……难道就没有不同的思考吗？灰姑娘里的后母确实对灰姑娘不好，但她对自己的女儿十分爱护，对她的女儿来说，她算不得一个恶毒的人；小红帽里，大灰狼固然坏，但大灰狼本来就是吃人的，猎人就是打猎的，不也叫尽本分做事吗？龟兔赛跑里，兔子的那颗骄傲之心背后是否还有一颗谦让之心呢？

所有经典的童话故事都值得大人和孩子一同阅读，阅读过后，引导孩子进行多方面、多角度的思考，不让孩子从小就活在非好即坏的一维思辨中尤为重要。世界是多彩的，社会是复杂的，人心也是多变的。对于幼儿园教育，不在于教了孩子多少知识，而在于是否让孩子学会自主思考、多维思辨，不是吗？

孩子爱打小报告怎么办？

前期描述：

在幼儿园里，总会遇到爱打小报告的孩子："老师，老师，明明又打人了。""老师，老师，你看花花不好好排队。""老师，老师，苗苗睡觉的时候还睁着眼睛。"如何对待这些爱打小报告的孩子呢？

孩子爱打小报告的原因有哪些？在我看来，一是这样的孩子爱表现，希望得到老师的关注；二是有些家长害怕孩子在幼儿园受欺负，经常对孩子说的一句话是"在幼儿园，有什么事要及时和老师讲"；三是这一年龄段的孩子正处于形成规则意识的时期，他们对规则非常敏感，一旦有人打破规则，他们就会立即予以关注。

找到了原因后，我们就知道如何妥善地对待这些爱打小报告的孩子了。

首先，要认真倾听。孩子爱打小报告有可能就是期望得到老师的关注，所以老师应尊重孩子，让孩子感受到老师对他的重视，千万不要表现出很烦的样子，对孩子敷衍地说："行了，行了，我知道了，你把自己管好就行了。"

其次，请孩子认真描述事情的前因后果。这样做既可以提升孩子的表达能力，又可以让孩子总结出同伴做那些行为的原因。比如，就明明打人这件事，也许明明并不是真的想打人，而是想和朋友玩，但表达方式不对；花花不好好排队是因为她的腿摔伤了；苗苗没有午睡是因为昨天晚上爸爸妈妈吵架了，她一想就伤心……所以，看上去不够美好的事物背后，可能有一个可以被理解的理由。让孩子在讲述中理解这些缘由是有必要的。

除此之外，还可以引导孩子想一想，如果发现别人做错了事，除了告知家长和老师，是否还有其他的解决方法。鼓励孩子和犯错误的孩子一起当面解决问题，以此帮助孩子提升自主解决问题的能力。

面对穿睡衣的家长

前期描述：

早上，在幼儿园门口，总有一些穿着睡衣的父母或爷爷奶奶送孩子入园。孩子们背着书包，穿戴整齐，他们的家长却如此随意。我们是否应该和这些家长说"请你们穿戴整齐后再送孩子入园"呢？有的老师说："家长怎么会听我们的？"有的老师说："我们应该对这些家长提要求，毕竟家长是孩子的榜样。"还有老师说："我们曾经也委婉地和这些家长提过，可是过了一段时间后，又回到之前了，总是提醒，我们也不好意思。"

面对这种情况，我们到底该如何做呢？

首先，我们要明确，家长是孩子的第一位老师，既然是老师，就要起到榜样的作用。如果我们要求孩子穿戴整齐才能上幼儿园，那么对于送孩子上幼儿园的家长，我们也应该明确要求：请家长穿戴整齐后再送孩子入园。

其次，我们可以通过召开家长会、家访等形式，让家长意识到穿睡衣送孩子入园，不仅不雅观，没有给孩子起到榜样作用，还会对孩子造成一定的心理伤害。别看孩子小，他们也是有审美的，不少小朋友很在意家长接送自己时的穿着打扮。如果自己的父母穿得过于随意，他们可能会遭到小伙伴的嘲笑，孩子就会产生丢了面子的感觉。

最后，虽然不提倡在孩子之间举办一些评比活动，但我们可以组织家长一同参与"最美家长"的评比。"最美家长"的评比标准：是否积极支持、配合幼儿园的工作，是否有科学的育儿理念，能否成为孩子学习的榜样等。鼓励家长积极参与评选活动，能够在一定程度上影响那些穿着睡衣送孩子入园的家长。

当然，我们也需要思考，为什么这些家长不会穿着睡衣进出五星级酒店呢？如果入园、离园的仪式感更强一些，如果我们老师自己的着装更知性大方一些，如果我们的园区环境更高雅一些，就算我们不发倡议书，家长也会自觉穿戴整齐，赴一场庄重、美好的"入园宴"。

幼儿园的金钱教育

前期描述：

一个做生意的家长问我："需不需要在幼儿园就对孩子进行金钱教育？"这个问题我想了很久，最后是这样回复这个家长的：

教育家默克尔说："金钱教育是人生的必修课，是儿童教育的重心，就如同金钱是家庭的重心一样。"孩子从来到这个世界开始，就不可避免地与钱打交道。虽然，幼儿园的孩子还小，一般不需要自己单独管理钱和使用钱，但父母无时无刻不在用钱为孩子办事。你看，上幼儿园要交学费吧，到商场买玩具需要钱吧，到游乐场玩游乐项目需要钱吧，到餐厅吃饭也需要支付餐费吧……没有钱，就无法与这个社会产生有效链接。孩子从会用语言表达自己的意愿开始，就与钱有了交集。有的时候，父母会对孩子说："没钱，不能买"，或是说："这东西太贵了，不值得买"。孩子前几次可能还不懂，非要不可，这种情况发生的次数多了，孩子就自然而然地理解父母说的钱是怎么一回事了。所以，当父母要带孩子出门游玩时，很多孩子比父母还要操心钱的问题。

幼儿园老师可以组织一些社会实践活动，让孩子们体验独自使用钱的乐趣。比如，组织孩子们到超市，请他们提前准备好5～10元钱，去买自己想买的东西，让孩子通过自己看商品标价、计算商品费用、到收银台结账等方式感知商品与钱之间的关系，知道不同的商品有不同的价格，了解有的人能用很少的钱买到合适的东西，有的人虽然花了很多钱，却无法买到称心如意的商品。

除此之外，有必要让孩子们知道钱是从哪里来的。有的孩子根本不知道父母赚钱的辛苦，以为只要是大人就应该有钱，可以用钱买到所有想要买的东西。因此，在幼儿园里，老师可以组织孩子们做一些这方面的调查，让他们通过采访自己的父母、身边的叔叔阿姨，懂得钱来之不易，必须通过劳动才可以换来。只有让孩子们从小就知道每一笔钱都来之不易，他们才会养成节约的好习惯。

当然，金钱教育不等于节约教育，但节约教育一定是金钱教育的一部分。在我看来，要想在幼儿园进行金钱教育，节约教育就不可不做。至于如何通过劳动赚钱、如何让钱生钱等，则可从小学或者中学开始进行教育。

在幼儿园教育中，我们应该思考如何让孩子从小就有一个正确的金钱观，避免长大后因为金钱误入歧途。此时，我不由地想到"人穷志不穷""人世间还有很多比金钱更重要的东西""拥有的越多，给予的也越多""即使不富有，我们依然有能力享受快乐"……这些，在孩子还很小的时候，我们就有必要渗透到日常教育中了。

后记　每个人的童年都只有一次

每个人的童年都只有一次，能把童年过好的人，其成长过程一定充满了美好的回忆。如果童年有遗憾，那么接下来的岁月，他可能一直在想办法弥补。

中华人民共和国成立初期，我国经济较为落后，一些人的童年遗憾就是吃不饱、穿不暖。如今，人们的生活条件好了，吃不饱、穿不暖的情况少了，一些人的童年遗憾变成没有时间玩游戏，没有时间做自己的主人。繁重的学业负担压得孩子们喘不过气来，有的家长却说："我为你提供好吃的、好喝的，什么事也不用你操心，你只需要把学习成绩提上去就好了。"于是，孩子成了学习的工具，原本自由自在、快乐无限的童年不见了。

所谓"吃得苦中苦，方为人上人""少壮不努力，老大徒伤悲""幸福生活都是从苦难中来的"。所以，童年就应该被动学习？就应该拒绝游戏？就应该牺牲童年的快乐来成就以后可能取得的成功？

每个人的童年都只有一次，我们不要让孩子的童年留下遗憾，不要逼迫孩子做一些他不愿意做的事情，逼迫孩子学一些他不愿意学习的东西，我们要让他们更好地释放他们的天性，更好地成长。

有时候，我会忍不住思考这样一个问题：如果有机会回到童年，我会怎么度过？遗憾的是，时光如流水，一去不复返，我们的当下也只有一次，时间每流逝一秒钟，我们就向前走一点点。所以，最重要的是过好当下。对孩子来说，对我们自己来说，都是这样的，在对的年龄做对的事情。